————— 国家自然科学基金项目
————— 云南省"万人计划"教学名师潘玉君工作室
————— 云南省低纬高原地理环境与区域发展特色优势学科

# 地理学思想史

## 以中国为中心的地理学大事年表

下

潘玉君 著

中国社会科学出版社

# 下册目录

**第8章 地理学年表:公元20世纪(下)** …………………………… (283)

第一节　地理学年表:公元1960—1969年 …………………………… (283)

第二节　地理学年表:公元1970—1979年 …………………………… (304)

第三节　地理学年表:公元1980—1989年 …………………………… (325)

第四节　地理学年表:公元1990—1999年 …………………………… (361)

**第9章 地理学年表:公元21世纪** …………………………………… (397)

第一节　地理学年表:公元2000—2009年 …………………………… (397)

第二节　地理学年表:公元2010—2019年 …………………………… (426)

第三节　地理学年表:公元2020年至今 ……………………………… (468)

**参考文献** ………………………………………………………………… (479)

# 第 8 章
# 地理学年表：公元 20 世纪（下）

## 第一节　地理学年表：公元 1960—1969 年

**公元 1960 年**

·第 19 届国际地理大会在斯德哥尔摩举行。

·苏联 M. И. 布迪科、A. A. 格里高利耶夫系统阐述他们所提出和构建的"辐射干燥指数"和"地理地带周期律"理论和方法。

·苏联 B. A. 阿努钦批评"非自然的人文地理学"和"非人文的自然地理学"，指出地理环境包括自然地理要素和人文地理要素。成为 21 世纪初叶科学主义和人文主义的地理学思想基础。

·中国黄秉维发表"自然地理学的一些最主要趋势"。提出和阐述自然地理学要重视地表热量水分的分布和转化及其在地理环境中的作用、化学元素在地理环境中的迁移过程、生物群落与其环境间物质和能量交换这三个重要方向，也即热水联系与过程、地球化学联系与过程和生态联系与过程。这一思想最初反映在《1956—1957 年基础科学学科规划》中。

·苏联 B. A. 阿努钦向列宁格勒大学提交博士论文《地理学的理论问题》并出版。该论文因被苏联科学院地理所所长等反对而被否决。该论文主要阐述"统一地理学问题"。引起苏联地理学方法论的讨论。美国 1977 年出版英译本，中国 1994 年出版中译本。

·中国孙敬之阐述要根据经济地理实践研究和定义经济地理学的学

科方法论。20年后美国地理学家提出和阐释这个问题。

·中国科学院地学部和中国地理学会召开全国地理学术会议。12个地理研究机构、445所高等学校和61个有关机构参加。研讨中国地理学发展战略和发展方向。

·德国W.哈格特发表"对地理学的意见——受德国研究协会的委托"。

·中国北京师范大学地理系开办化学地理学研究班。招收中国第一届化学地理硕士研究生。

·中国很多高校开始设立化学地理学课程，部分研究机构创建化学地理研究室，数所高校开始设立化学地理专业。

·中国吴传钧提出和阐述经济地理学的基本性质和研究范式：经济地理学是边缘学科，"具有自然—技术—经济相结合的特点"，具有社会科学与自然科学交叉的特点。

·中国吴传钧提出和阐述技术进步是人文与经济地理学发展的重要推动因素的地理学发展思想。21世纪初叶陆大道作了进一步系统的阐述。

·中国吴传钧发表"经济地理学——生产布局的科学"。

·中国林超提出"自上而下"与"自下而上"相结合的地理区域思想并加以论述。

·中国周廷儒提出发展自然地理学的古地理学方向。之后在北京师范大学开始开设古地理学课程。

·苏联К. А. 萨里谢夫《国家地图集》出版。系统阐述国家地图集的历史发展、国家地图集的完善途径与方法、国家地图集的标准化等。

·中国"中国国家大地图集编纂委员会"决定《中华人民共和国国家自然地图集》（改称《中华人民共和国自然地图集》）由中国科学院地理研究所承担。黄秉维任编委会主任。1967年以《中华人民共和国自然地图集》之名完成制印，内部发行。

·苏联Н. Н. 巴朗斯基《经济地理学：经济地图学》第二版出版。

·苏联И. П. 格拉西莫夫发表"苏联地理学发展的理论和任务"。提出和阐述建设地理学。

·苏联 И. П. 格拉西莫夫主编《苏联地理学（总结与任务）》出版。1964 年中译本出版。

·苏联《简明地理百科全书》开始陆续出版。

·中国钱崇澍《中国植被区划》出版。

·中国侯学煜《中国的植被》出版。

·美国《苏联地理学：评论和翻译》创刊（又译为《苏联地理学》）。将苏联地理学思想介绍和引入美国。

·美国沃尔德·伊萨德《区域分析方法：区域科学概论》出版。

·中国科学院地理研究所《热水平衡及其在地理环境中的作用》开始出版。至 1963 年共出版 4 卷。

·中国黄秉维阐述自 19 世纪末至 20 世纪 60 年代初以来，自然地理学分解为若干部分自然地理，而自然地理学的综合性严重退化。

·中国刘德生《亚洲自然地理》出版。

·美国 H. H. 赫斯和 R. S. 迪茨创立海底扩张说。1963 年英国瓦因等通过海底磁异常进一步论证。

·中国竺可桢阐述地理学方法论。包括地理研究中的归纳法和演绎法。

·美国 W. W. 罗斯托在其《经济增长的阶段》中提出和使用"主导部门"概念。之后成为地理特别是经济地理分析工具。

·中国成立中国科学院冰川积雪冻土研究所筹备委员会。

·中国开始沼泽的系统研究。后逐渐发展为沼泽学。

·自然生产潜力专著出现。P. W. 瓦任和 J. P. 库博最早发表自然生产潜力专著。在此阶段中国黄秉维等从中国实际出发开始研究自然生产潜力。

·英国 L. 达德利·斯坦普《应用地理学》出版。阐述以全面的方法来观察作为一个整体的人和环境之间的关系及其随之产生的各种问题。

·苏联 B. A. 科夫达《中国土壤与自然条件概论》（中文本）在中国出版。

·中国邓静中等《中国农业区划方法论研究》出版。系统阐述农业区划的概念和任务、介绍和评价国外农业区划的成果和经验、系统阐述中国农业区划的原则和种类、农业配置和农业发展规划等。为农业地理重要著作。

・中国邓静中主持山西省离石和甘肃省民勤县有关人民公社规划。在这一时期，中国很多地理学研究机构开展人民公社规划研究。

・苏联尼基晓夫《苏联农业地图集》出版。

・美国芝加哥大学在 G. F. 怀特组织下进行大量"把对自然风险的感知作为人类行为指导"的研究。

・美国华尔特·惠特曼·罗斯托在其《经济成长的阶段》中提出了"经济成长阶段论"，将一个国家的经济发展过程分为 5 个阶段。1971 年他在《政治和成长阶段》中增加了第 6 阶段。经济发展的 6 个阶段依次是传统社会阶段、准备起飞阶段、起飞阶段、走向成熟阶段、大众消费阶段和超越大众消费阶段。之后成为地理分析工具。

・从经济学角度阐述人口迁居问题的互补理论由阿索隆提出。

・苏联莫斯科大学《莫斯科大学学报·第 5 辑·地理学》出版。

・国际地理联合会国家地图集委员会制定和推荐国家地图集编纂规范。

・中国"全国地理学术会议"讨论了综合考察的科学性质和学科构建问题，认为综合考察在目前是多学科的综合的科学研究工作，是一项国家任务，它尚未形成一门独立的学科，因此很难找出其研究的客观规律和特殊矛盾。

・中国科学院组织西藏综合考察队开始（至 1962 年）对西藏进行综合考察。主要对藏南地区的水土资源和矿产资源进行科学考察。孙鸿烈等参加。

・中国曾昭璇编纂完成《综合自然地理学（上）》。

・中国红旗渠开始施工。1967 年竣工。是最重要的地理工程之一。

・政府间海洋学委员会（IOC）成立。促进了海洋地理学的迅速发展。

・德国汉斯-格奥尔格·伽达默尔《真理与方法》出版。也称《真理与方法——哲学解释学的基本特征》。为解释学的重要著作。解释学深远影响地理学特别是人文地理学和人文地理学家。

·国际组织"石油输出国组织"成立。简称欧佩克。深远影响世界地理格局。

·埃及阿斯旺水坝开工。

**公元 1961 年**

·中国地理学会经济地理专业委员会在上海召开学术会议。会议重点研讨的学科问题之一是经济地理学研究对象等基本问题。形成了中国地理学对这一问题的基本认识。

·中国开始提出"三线"发展构想和战略。包括"大三线"和"小三线"。深远影响中国地理格局和经济地理研究。

·苏联人造地球卫星拍摄地球表面图像。

·苏联 C. B. 卡列斯尼克发表"地理景观"。

·美国 S. M. 加恩提出"小人种"概念。建立人种分类系统，包括 9 个地理人种、32 个地域人种和若干小人种。

·美国《美国地理学家协会年刊》发表 F. 勒克曼"古典地理学中的位置概念"。

·法国戈特曼《城市群：城市化的美国东北海岸》出版。

·法国戈特曼提出和使用城市群的概念及术语。具体是指人口规模在 2500 万人以上和人口密度超过每平方公里 250 人的特大城市。

·美国 A. 夏德格《理论地貌学》出版。

·中国任美锷等完成《全国综合自然区划方案》。该方案根据中国不同空间尺度自然地理环境的主要要素和主要因素的不同以及人地共生的不同，将中国自然地理环境划分为 8 个自然区 23 个自然地区 65 个自然省。其中，在自然区上充分考虑地带性和非地带性的统一，高度重视非地带性自然地域分异因素。之后多次修订。

·中国科学院地理研究所在竺可桢组织主持下开始建立中国现代物候观测网。开始建立物候资料数据库。

- 美国约翰·K. 赖特向通过问卷方式调查美国艾伦·丘吉尔·森普尔的著作对当时地理学的影响。
- 中国张其昀《中华五千年史》（计划 23 卷，实际 9 卷）开始陆续出版。为历史地理著作。
- 美国乔治·葛德石预言中苏关系将彻底破裂、中国将成为工业大国、制造原子弹，提醒美国要欢迎中国加入联合国。
- 美国段义孚将法国 G. 马舍拉尔提出的"恋地情结"概念及其术语引入文化地理学并提出分析研究方法。
- 中国科学院提出"学科带任务"观点。但这一观点没有得到重视，深远影响中国地理科学的发展。
- 世界自然基金会（WWF）成立。是一个与地理有关的国际组织。
- 经济合作与发展组织（OECD）成立。是一个与地理有关的国际组织。其前身是 1948 年成立的欧洲经济合作组织。1970 年设立环境委员会。
- 中国中华书局出版王谟（1731—1817 年）的《汉唐地理书钞》。该著作收集、整理中国汉唐以来若干地理著作。
- 《工程索引》（EI）和《科技会议录索引》（ISTP）由美国信息科学研究所创办。成为地理学信息平台。与《科学引文索引》合称《引文索引》。
- 中国有关部门和机构开始（至 1965 年）分别召开全国性的地貌、经济地理、历史地理、水文地理、自然地理、地图制图、气候和世界地理等学术研讨会。分别成立中国地理学会相关专业委员会。
- 中国科学院新疆生物土壤沙漠研究所成立。1998 年又与 1965 年成立的中国科学院新疆地理研究所合并为中国科学院新疆生物与地理研究所。
- 世界"不结盟运动"开始。深远影响世界地理格局及其研究。

## 公元 1962 年

- 中国编制《1963—1972 年地理学科基础科学规划》。

- 中国李春芬《南美洲地理环境的结构》出版。提出和阐述"地理环境结构整体性与差异性理论"。刘德生等进一步阐述了这一理论。
- 中国科学院地理研究所建立了中国现代物候观测网。竺可桢组织并主持工作。
- 德国奥斯卡·施米德修订版《美洲地理》（多卷）开始陆续出版。原版在20世纪30年代出版。
- 苏联 И. П. 格拉西莫夫主编的《苏联地理学：成就与任务》出版。
- 中国陈才发表"试论经济地理学的发展趋向"。提出和阐述经济地理学应该研究人地关系、生产配置、经济区划与区域3个方面。
- 瑞典托尔斯坦·哈格斯特朗发表"创造波的传播"。
- 美国威廉·邦奇《理论地理学》出版。1991年中译本出版。
- 美国埃尔曼·塞维斯《原始社会的组织》出版。后《国家与文明的起源》1975年出版。提出和阐述人类社会的政治组织阶段论即包括游群、部落、酋邦、国家。
- 中国科学院地球物理研究所季风气候研究组《东亚季风的若干问题》出版。将中国划分为8个季风区。
- 中国北京师范大学开始开设古地理学课程。由周廷儒负责和主讲。之后北京师范大学设置古地理研究室。
- 美国 R. 卡逊《寂静的春天》出版。蕴含和提出可持续发展思想。
- 巴西卡斯特罗《饥饿地理》出版。划分出世界上的余粮区和缺粮区。
- 中国总理周恩来在中国人民大会堂接见中苏黑龙江流域综合科学考察队有关人员。
- 中国国家科学技术委员会组织召开关于自然资源综合考察研讨会。形成自然资源综合考察的若干基本认识和工作方针。
- 美国托马斯·库恩《科学革命的结构》出版。1980年中译本出版。深远影响地理学和地理学家理论思维。
- 德国施密特《马克思的自然概念》出版。系统诠释马克思人地关系思想和理论。深远影响地理学和地理学家，特别是人地关系理论研究以及尤其是人地关系地域系统共生理论。

·中国科学院地理研究所为中国农业部编制了《全国农业现状区划（草案）》。

·中国科学院长春地理所和东北师范大学等开始系统考察和研究中国沼泽。

·中国在南水北调考察中，沈玉昌和杨逸畴考察和研究滇西金沙江袭夺问题。

·中国《珠穆朗玛峰地区科学考察报告》出版。20世纪70年代陆续出版专题报告。

·英国钱伯斯出版社编制的《钱伯斯世界历史地图集》在挪威出版。后经英国和美国的两家出版社修订再版，数次重印。中国根据1975年新版的1977年重印本翻译出版。

·中国侯仁之《中国古代地理学简史》出版。之前，北京大学地质地理系刊印油印稿。

·中国吴晗主编、侯仁之副主编、北京教师进修学院编撰的"地理小丛书"由中国青年出版社开始陆续出版。至1966年已出版30种。1984年开始继续编纂工作。

·中国地理学会召开自然区划学术讨论会。1964年出版《中国地理学会一九六二年自然区划讨论会论文集》。

·国际地图制图协会（ICA）举办的国际地图制图学会议（ICC）第一次会议在联邦德国召开。

·中国向达《蛮书校注》出版。《蛮书校注》为清朝樊绰所著关于云南地区的历史地理著作，也称《云南志》。

·中国台湾《地理学报》创刊。原名为《"国立"台湾大学理学院地理学系地理学报》。2000年简化为《地理学报》。

·中国台湾师范大学开始设地理系。其前身为1947年建立的台湾师范学院史地系。1970年设地理研究所。

·联合国《公海公约》《大陆架公约》开始生效。深远影响地理格局和地理研究。

・中国张其昀在中国台湾地区创办中国文化大学。之后设立地理系。

・苏联 B. A. 阿努钦向莫斯科大学提交博士论文《地理学的理论问题》。因被苏联科学院地理所所长格拉西莫夫等反对而第二次被否决。

## 公元 1963 年

・美国国家科学院和国家研究委员会成立以 E. A. 阿克曼为主席的"地理学特设委员会"。考察地理研究对科学进步的潜在贡献等问题。

・美国爱德华·阿克曼发表"地理学的研究前沿在哪里"。其中强调理论地理学的地位和作用。

・美国爱德华·阿克曼指出"地理学关注的主要是人—地关系这个大系统"。蕴含地理学的研究核心是人地关系地域系统的思想。

・中国地理学会召开第三次代表大会。选举竺可桢为中国地理学会理事长。

・中国竺可桢阐述地理学基本性质，认为地理学具有综合性和地区性；阐述地理学的研究特点是地球表面的各项自然要素的相互联系的整体性；阐述地理研究范式——通过对各地理现象在空间和时间上的分布做出对比分析探讨其相互关系，通过不同自然现象出现的时间先后追溯其因果关系，通过能量和物质的流动转换探求其在数量和性质上的关系，具有空间秩序研究维度、时间序列研究维度和动因机制研究维度的思想。

・加拿大伊恩·伯顿发表"计量革命和理论地理学"。提出"地理学数量革命"概念。

・中共中央和国务院召开全国农业科学技术工作会议。地理学家关于开展中国农业区划研究的倡议，受到高度重视。由此揭开了中国人文与经济地理学家发挥自然与人文交叉研究特色，遵循区域性和综合性学术思想，通过农业区划研究为国家农业生产布局和农业生产结构优化服务的序幕。

・中共中央和国务院召开的全国农业科学技术工作会议确立"农业自然资源和农业区划"为支农第一任务。为地理学提出国家任务，也促进了地理学的发展。

- 中国开始大规模农业区划工作。经济地理学成为骨干学科。
- 中国开始开展"全国农业区划重要界线的调查"研究。1963年开展中国农作物复种地理北界调查，1964年开展中国秦岭淮河农业地理界线调查。
- 中国侯学煜、姜恕、陈昌笃等发表"对于中国各自然区的农、林、牧、副、渔业发展方向的意见"。内含服务于大农业的《全国综合自然区划方案》。
- 中国侯学煜提出中国综合自然地理区划方案。该方案将中国划分为7个一级自然地理区划单位即6个自然带和1个自然区域、29个自然区。1988年完善修改。
- 苏联道库恰耶夫土壤研究所完成《苏联统一土壤分类草案》。为土壤发生学分类代表性方案之一。
- 中国竺可桢和宛敏渭《物候学》出版。
- 中国张其昀《中国地理大纲》出版。
- 苏联出版《简明俄英地理学词典》。
- 中国竺可桢、侯学煜、赵松乔、秦仁昌等24位科学家署名致中共中央和国务院"关于自然资源破坏情况及今后加强利用与保护的意见"。该意见被列为全国农业科技工作会议重要文件。
- 中国黄培华在《科学通报》发表论文，对长江以南的第四纪冰川遗迹提出全面质疑，反对庐山冰川说。
- 英国J. N. L. 贝克《地理学史》出版。
- 中国任美锷发表"中国的准热带"。
- 中国科学院建立冻土长年观测站。
- 国际赤道大西洋合作调查（ICITA）开始。至1965年完成。促进海洋地理学发展。
- 国际组织"非洲统一组织"建立。完成《非洲统一组织宪章》。深远影响世界格局和世界地理研究。

**公元 1964 年**

·第 20 届国际地理大会在伦敦举行。

·中国毛泽东主席提出和指示中国工业布局战略调整。之后中国开始"三线战略"布局。深远影响中国地理格局和中国地理研究。

·英国《简明牛津字典》中定义地理学。地理学是研究地球表面形态、自然特征、自然和政治分工、气候、生产、人口等的学科。

·国际地理联合会成立"地理学计量方法委员会"。

·美国威廉·帕蒂森发表"地理学的四种传统"。他基于探索与回答地理学的研究核心这个地理学元问题，提出和阐述空间传统、区域传统、人地关系传统、地球科学传统四种地理学传统，这四个传统不是截然分割，而是互相补充和统一。

·苏联 B. A. 阿努钦在苏联《哲学问题》上发表"地理学中综合问题"。

·德国 H. 瓦尔特开始研制（至 1968 年）世界植被带地图。

·英国研制成自动制图系统。

·苏联《世界自然地图集》出版。

·美国《国防教育法令》规定实行地理教育。

·加拿大 R. I. 沃尔夫阐述旅游地理学和经济地理学的关系。

·中国《人民日报》发表社论"用严格的科学态度领导农业生产"。号召大力开展农业区划，中国高度重视包括农业区划在内的农业地理研究与应用。

·中国地理学会《一九六二年自然区划讨论会论文集》出版。为中国地理学家 20 世纪 60 年代阐述自然地理区划重要著作。是世界地理学史上以阐述自然地理区划和自然地域分异（规律）为核心的论文集式的最重要的自然地理学理论著作。

·中国地理学会经济地理专业委员会《资本主义国家经济地理学的研究动向》出版。

·中国科学院新疆综合考察队《新疆综合考察的方法与经验》出版。

- 中国施雅风、谢自楚把中国冰川分为大陆型冰川和海洋型冰川并系统阐述。
- 中国胡焕庸阐述地带性和非地带性的含义。
- 中国胡焕庸阐述非地带性因素在中国自然区划中的意义。
- 中国高泳源发表"关于我国自然区划等级单位的若干意见"。
- 中国竺可桢发表"论我国气候的几个特点及其与粮食作物生产的关系"。受到毛泽东主席好评。
- 中国竺可桢提出中国农业生产潜力研究的理论模型。
- 中国周立三发表"试论农业区域形成演变、内部结构及其区划体系"。阐述"农业具有明显的地域性,严格的节律性,较长的周期性和生产上的不稳定性。现代化的农业必须实行区域化、专业化生产,而这种区域化和专业化又必须结合我国国情因地制宜有计划逐步实现"完整的农业地理学和中国农业地理的理论。
- 中国黄国璋发表"论历史地理学一些基本理论问题"。
- 中国陈传康阐述"空间地理规律性是(自然)区划的理论基础"。
- 中国李治武阐述自然区划中的"类型与区域的关系"。
- 中国景贵和阐述"(中国的)自然地带都是区域性(自然)地带"。
- 中国陈桥驿发表"水经注的地理学资料与地理学方法"。
- 中国施雅风等在希夏邦马峰考察中于5700米处发现上新世高山栎化石,由此推断该地区自上新世以来上升了约3000米。这是中国学者第一次给出喜马拉雅山地区上升幅度的定量数据。
- 中国全国农业区划工作会议在北京召开。
- 中国科学院地理研究所成立物候组。
- 苏联出版《世界民族地图集》。
- 英国开始出版四卷本的地理学史著作。
- 《英国大百科全书》提出和阐述自然资源分类。1973年修改。
- 中国李旭旦翻译德国阿尔弗雷德·魏格纳《海陆的起源》出版。后多次再版印刷。

- 中国中山大学地质地理系《景观概念和景观学的一般问题》出版。为苏联贝尔格、波雷诺夫、宋采夫、格里高利耶夫、伊萨钦科、卡列斯尼克等院士专家的论文集。
- 国际地理联合会成立农业类型委员会。
- 国际科学联合会理事会设立国际生物学计划。研究全球各类生态系统生产力和人类福利的生物基础，对唤醒科学家注意生物圈所面临的威胁和危险产生了重大影响，促进人地关系实证研究。
- 苏联 B. A. 阿努钦在莫斯科大学进行了长达两天的答辩，通过并获科学博士学位。这是他第三次提交博士论文，前两次因苏联地理学二元论主流意识而被否定。
- 苏联苏共中央负责意识形态的发言人到苏联科学院主席团作报告批判苏联地理学的发展的二元论（即自然地理学与经济地理学的二元论）。
- 世界"七十七国集团"成立。是一个为扭转发展中国家在国际贸易中被动地位的经济组织，是发展中国家在反对超级大国的控制、剥削、掠夺的斗争中，逐渐形成和发展起来的一个国际集团。深远影响世界地理格局和世界地理研究。

## 公元 1965 年

- 美国国家科学院和国家研究委员会"地理学特设委员会"出版研究报告《地理学的科学》。
- 国际区域研究协会（RSA）在英国成立。该协会是研究区域和区域问题的国际学术组织，致力于区域问题的理论发展、经验分析以及政策相关领域的研究，涵盖区域经济发展、区域管理政策、区域不平等研究主题。主要刊物《区域研究》。2014 年中国分会成立。
- 苏联 A. Γ. 伊萨钦科系统阐述自然地理区划可以"自上而下"划分和"自下而上"合并进行、自然地理区划的五个基本特征。
- 法国 J. L. F. 特里卡尔和 A. 凯勒《气候地貌学导论》出版。标志着气候地貌学的建立。

・苏联 A. E. 费季纳《自然地理区划》出版。

・意大利 N. 布鲁诺提出和阐述旅游地理研究问题。

・美国爱德华·阿克曼提出和阐述"地理学首先从空间的视角处理人—环境系统"。蕴含人地关系地域系统思想。

・苏联 A. Г. 伊萨钦科明确提出和阐述俄国 B. B. 道库恰耶夫是自然地带学说的创立者。

・一些地理学家提出和阐述，地理学家有时会混淆具有抽象意义的"地理符号"与它所代表的"地理事实"。

・英国 D. 麦尼西提出和阐述文化区地域空间结构概念，将其划分为核心区、外围区和边缘区等。

・美国 D. W. 米尼格提出和阐述文化区地域空间结构概念，将其划分为核心区、领地、势力范围和边缘地带。

・中国科学院地理工作会议召开。中国科学院地理研究所、南京地理研究所、广州地理研究所、东北地理研究所、华北地理研究所、新疆地质地理研究所等单位有关同志参加。中国科学院副院长竺可桢作"中国科学院地理研究工作方向和任务的初步设想"报告。

・作为城市地域概念的城市场概念由弗里德曼和米勒提出和阐述。

・中国竺可桢在中国科学院地理研究所作"科学院地理研究工作方向和任务"的报告。阐述地理学研究对象、地理学基本性质和地理学基本价值等地理学基本理论问题。"地理学是研究地理环境的形成、发展和区域分异以及生产布局的科学，它具有鲜明的地域性和综合性的特点，同时有明显的实践作用，与国民经济建设的各个部门有极其密切关系"。

・竺可桢定义和阐述"自然综合体"概念。也称"自然地理综合体""自然地域综合体"等术语。

・苏联 A. Г. 伊萨钦科提出和定义"表层地圈"概念。

・美国研究和编制着重人的影响的土地利用分类系统《标准土地利用标准手册》。体现人地关系内涵。

・美国开展对贫困区阿帕拉契亚山区的研究。标志着地理学开始系统研究贫困区或区域贫困。

- 中国竺可桢完成"地理学的地位"。其中阐述了赶超世界地理学先进水平有应用和理论两个方面，批判了地缘政治学。
- 中国黄秉维提出和使用作为综合自然地理区划单位的"温度带"概念，代替自然区划中的"热量带"概念。
- 中国黄秉维在中国《新建设》上发表"论中国综合自然区划"。
- 中国编制出版《中国植被图（1∶1000万）》。
- 中国林超和李昌文发表"北京山区土地类型及自然区划初步研究"。为中国最早以土地类型为基础、自下而上进行山区自然地理区划的成果。
- 中国林超和李昌文从综合自然地理角度系统阐述阴阳坡问题。
- 中国张其昀《政治地理学》出版。
- 中国钱纪良、林之光发表"关于中国湿润气候区划的初步意见"。
- 中国卢其尧、卫林、杜仲朴等发表"中国干湿期与干湿区划的研究"。形成和阐述干湿的地理时空概念和理论认识。
- 中国刘栋生《中国的黄土堆积》出版。
- 中国沈玉昌等《长江上游河谷地貌》出版。
- 中国颁布《少数民族语地名的汉语拼音字母音译转写法（草案）》。
- 中国商务印刷馆以内部读物形式出版美国N.S.斯皮克曼的地缘政治学著作《和平地理学》中文版。
- 中国商务印书馆以内部读物形式出版英国哈尔福特·麦金德的地缘政治学著作《民主的理想与实现》中文版。
- 英国授予英国地理学家L.达德利·斯坦普勋爵爵位。以表彰他为国家生存所作出的贡献——主要是始于1931年的英国第一次土地利用调查和始于1939年的土地系列地图方面的工作成就。
- 英国彼得·哈格特和R.J.乔莱《地理学教学的边界》出版。系统阐述实证主义地理学。
- 英国彼得·哈格特《人文地理学中的区位分析》出版。
- 《自然》发表"大洋中脊的形成"。
- 中国施雅风在考察云南省禄劝县金沙江支流发生的大型山崩中发

现，大型山崩可以形成非常深刻、非常强烈的"擦痕"。这成为他后来否定"庐山冰川说"的重要科学根据之一。

·国际组织"欧洲共同体（EC）"成立。发源于1951年。深远影响世界政治经济地理格局及其研究。

·美国哈佛大学和麻省理工学院联合建立计算机图形与空间分析实验室。开展地理学及多学科研究。

·英国威廉姆森提出和阐述关于区域结构的区域趋同理论。

·中国黄秉维在《新建设》发表"论中国综合自然区划"。

·法国斯特拉斯堡大学创建应用地理研究中心。

·中国科学院新疆地理研究所成立。1998年与1961年成立的中国科学院新疆生物土壤沙漠研究所合并为中国科学院新疆生态与地理研究所。

·中国科学院地理研究所冰川冻土研究室成立。1978年发展为中国科学院兰州冻土研究所、中国科学院兰州沙漠研究所。

## 公元1966年

·"人与生物圈计划（MAB）"概念提出。

·法国乔治《社会学与地理学》出版。该书认为地理学不存在统一性。

·美国的彼得·哈格特发表《人文地理学中的区位分析》。后来单独出版其中的《区位模型》。

·中国竺可桢完成"中国近五千年来气候变迁的初步研究"。1972年发表。该文研究了人类活动影响下的气候变迁规律。

·美国J. R. 弗里德曼提出和阐释人文—经济地理学的"核心—边缘论"。主要是关于区域经济发展的理论和城市发展的理论。主要包括空间经济增长阶段的划分与识别、区域经济类型的划分与识别、核心区和边缘区的相互作用机制等。

·英国卡尔多开始提出和阐述后来被称为"卡尔多定律"的关于经济增长的三个经验规则。强调和重视制造业在经济增长中的重要作用。之后成为地理特别是经济地理分析工具。

- 联合国开发计划署（UNDP）成立。之后陆续出版有关年份的《人类发展报告》。1979年在北京设立代表处。
- 国际数据委员会（CODATA）成立。原称国际科技数据委员会。2018年改为此名。秘书处设在巴黎。1984年中国加入该委员会并成立国际数据委员会中国委员会。
- 美国弗农提出和阐述关于工业生产的产品生命周期理论，后被引入区域经济研究中，被发展为关于区域结构的梯度转移理论。
- 描述城市人口密度梯度的二次指数函数模型由纽林格提出并阐述。
- 苏联格·姆·多勃罗夫《科学的科学——普通科学学导论》出版。多次再版。1984年中国出版该书第二版中译本。影响科学地理学研究。
- 国际数据委员会成立。中国科学院1984年加入并成立国际数据委员会中华全国委员会。
- 苏联基辅大学《经济地理》开始发行。
- 中国科学院成都山地灾害与环境研究所成立。最初名称为中国科学院地理研究所西南分所，1978年曾称为中国科学院成都地理研究所，1987年改为现名。
- 中国在兰州建立冻土低温实验室。
- 德国《布罗克豪斯百科全书》出版。共20卷。1976年出版一卷地图集。

**公元1967年**
- 美国国家科学院等组建以 E. J. 推夫为首的地理学六人小组。该小组完成的研究报告《地理学》于1970年出版。
- 苏联 Ю. Г. 萨乌什金发现和阐述地理学的"整体化"与"部门化"周期性规律。
- 中国《中华人民共和国自然地图集》内部发行。该地图集有约50家单位参加编纂。该地图集包括序图、地质、地貌、气候、水文、土壤、生物、海洋8个图组，222幅彩色地图和36万字的地图说明，集中反映了新中国成立之初的15年地学研究成果。是国家自然科学奖二等奖"中国自然环境及其地域分异的综合研究"的组成部分。

·美国 R. H. 麦克阿瑟和 E. D. 威尔逊构建岛屿生物地理学平衡理论。

·苏联 H. H. 罗佐夫和 E. H. 伊万诺娃《苏联土壤分类》出版。为土壤发生学分类代表性方案之一。

·英国明歇尔发表《区域地理》，反映"区域地理学术范式"确定。

·美国 D. E. 索弗《宗教地理学》出版。

·英国 R. J. 乔莱和 P. 哈格特《地理学的模型》出版。强调和阐述对地理系统的要素结构和地理过程的识别和描述的实证主义方法。

·加拿大出版《加拿大：地理学的解释》。

·美国 J. 赞姆斯等《美国地理学：总结与展望》出版。

·苏联《苏联大百科全书》第三版开始陆续出版。至 1978 年共出版 30 卷。内容包括丰富的地理学和区域地理知识，条目数量约占条目数量的 18%。1973—1982 年翻译和出版英文版，2001 年出版电子版。

·美国 W. J. 摩根、D. P. 麦肯齐、R. L. 帕克和法国 X. 勒皮雄等根据海底扩张学说提出板块构造学说。

·加拿大研发出世界第一个真正投入使用的地理信息系统。他曾于 1962 年提出地理信息系统思想和方法，但没有提出和使用地理信息系统术语。

·美国普雷德《行为与区位》出版。阐述"行为工业区位论"。之后，有学者探讨"战略区位论"和"组织结构区位论"等现当代区位理论。

·美国普雷德提出和使用用于行为区位研究的行为矩阵。

·联合国教科文组织通过《种族宣言》。

·美国建成世界标准地震台网。

·英国明歇尔《区域地理》出版。

·美国克拉伦斯·格拉肯《罗德岛海岸的痕迹》出版。

·法国雅克·德里达《言语与现象》等解构主义著作出版。解构主义是 20 世纪 90 年代解构主义地理学的基础和核心。

·法国欧·托姆提出"突变论"自组织理论。1969年比利时 I. 普里高津提出"耗散结构理论"自组织理论，1976年德国 H. 哈肯提出"协同学"自组织理论。自组织理论深远影响地理学和地理学家发展。

**公元 1968 年**

·第 21 届国际地理大会在印度新德里举行。

·国际地理联合会成立"高山地生态学委员会"。后改称山地生态学委员会。

·英国耶茨提出和阐述地理学的定义。地理学是一种有关解释和预测地球表面各种特征的空间分布和区位的合理发展和实践的学科。

·苏联莫斯科大学地理系完成《苏联自然地理区划》。该区划将苏联划分为 19 个自然区域、88 个自然地带（段）和地区、305 个自然地区。

·苏联伊萨钦科、格拉西莫夫等阐述"景观"和"景观科学"。"景观科学"与"区域科学"在研究内容和方法论上近似。

·美国布赖恩·贝里和杜南·马布尔《空间分析》出版。

·瑞典中央银行在成立 300 年之际设立一项用于资助有关人文环境与人类未来的科学研究的基金，促进瑞典地理学和地理机构的发展。

·英国彼得·哈格特和 R. J. 乔莱提出和使用地理学网络。

·美国约翰·威尔班克斯等提出"空间系统"概念。

·K. M. 克里塞尔提出孟德斯鸠不是地理环境决定论者而是地理环境或然论者的观点。

·中国张镜湖《气候与农业》出版。体现人地关系思想。之后《科学》发表该书书评。

·国际科学联合会理事会设立环境科学委员会。

·"罗马俱乐部"成立。是关于未来研究的国际性民间学术团体，也是一个研讨全球问题的全球智囊组织。宗旨是研究未来的科学技术革命对人类发展的影响，阐明人类面临的主要困难以引起政策制定者和舆论的注意。目前主要从事有关全球性问题的宣传、预测和研究活动。总部设在意大利罗马。深远影响地理学和地理研究。

·瑞士让·皮亚杰《结构主义》出版。深远影响地理学哲学和地理学家，是结构主义地理学的直接哲学基础。

·中国开始大规模知识青年上山下乡，人口移动约 2000 万人。对农村和边疆地区社会经济发展和人地关系有一定作用。

·美国国会建立威尔逊国际学者中心。为世界级智库。

**公元 1969 年**

·英国大卫·哈维著《地理学中的解释》出版。1971 年出版第二版。1996 年根据第二版出版中译本。为实证主义地理学理论著作，系统阐述地理实证研究方法论和方法。

·美国沃尔多·托布勒在国际地理联合会数量方法专业委员会会议上提出后来被称为"地理学第一定律"，即"万物皆有联系，但是近者比远者的相关度高"。次年发表在《经济地理》上。之后有人提出和阐述地理学第二定律、第三定律。

·美国 D. 贾内尔系统提出和阐述地理空间收缩。

·欧亚大陆高山会议在德国美因茨举行。德国 C. 特罗尔的三向地带性自然地域分异理论受到广泛关注。

·马克思主义地理学诞生。其宗旨为不仅在于认识世界而且改造世界。

·英国《地理学进展》创刊。1977 年分设为《自然地理学进展》《人文地理学进展》。

·美国克拉克大学学生创办《对立面》杂志。成为激进主义或马克思主义地理学平台。

·美国俄亥俄大学创办《地理分析》杂志。

·法国米歇尔·福柯《知识考古学》出版。为后现代主义重要著作。后现代主义是 20 世纪 90 年代后现代地理学的基础和核心。

·英国罗伯特·迪金森《近代地理学创建人》出版。中译本 1980 年出版。

·美国莱·J. 金《地理学的统计分析》出版。1979 年中国台湾地区中译本出版。

·英国哈德森提出和阐释等级扩散理论。

·美国马文·米克赛尔综述很多社会学家和社会公众对地理学认识问题。

·中国竺可桢致函总理周恩来,建议中国声明钓鱼岛地区石油开采权属于中国。

·中国《中华人民共和国分省地图集》内部出版。是作为中华人民共和国国家大地图集之一的《中华人民共和国普通地理集》的阶段性成果。

·中国香港成立香港地理学会。

·日本柴田武《语言地理学方法》出版。之后再版。

·联合国大学（UNU）成立。中国吴传钧 1980—1983 年受聘担任该校校长顾问委员。

·联合国通过《社会进步和发展宣言》。深远影响地理学和地理学家。

·比利时伊利亚·普利高津提出"耗散结构理论"。对地理学和地理学家有深远影响。

## 20 世纪 60 年代

·世界大多数地理学者开始强调和重视人地关系的协调和共生,逐渐形成人地关系论中的人地共生理论特别是人地协调共生理论。20 世纪 90 年代中期中国地理学家开始提出和阐述人地关系地域系统协调共生概念及其理论。

·为了谋求改善人类生存条件,西方地理学出现人本主义思想倾向。主张发展行为地理学,应用心理学和社会学理论方法研究和解释人类对环境的反映。

·美国土壤系统分类学派开始。20 世纪 70 年代开始具有世界影响。

·苏联地理学的学科二元论开始受到批判。之前,学科二元论即自然地理学和人文地理学特别是经济地理学截然分界。

·中国开始在高等学校设置气候学专业，建立专门的气候研究机构。

# 第二节　地理学年表:公元1970—1979年

**公元1970年**

·美国国家科学院于1967年组建的地理学六人小组的研究报告《地理学》出版。

·联合国教科文第16届大会决议设立"人与生物圈计划（MAB）"。次年正式实施。

·英国C. 费谢尔发表"区域地理往何处去"。

·英国C. 费谢尔主张复兴以分析人与地理环境之间关系为主的区域地理学，认为它是地理学的研究核心。这里的"它"就是以分析人与地理环境之间关系为主的区域，这是人地关系地域系统的早期概念。他的观点是区域地理学复兴、重振的重要代表。

·美国B. 贝莱主张重振区域地理学这一地理学伟大传统。

·瑞典托尔斯坦·哈格斯特朗发表"如何看待区域科学中的人"。系统介绍隆德学派时间地理学方法使其影响扩大，提出人的行为时空约束、空间—时间棱柱等，创建时间地理学。他在20世纪60年代后期提出和阐述时间地理学问题。

·美国沃尔多·托布勒在《经济地理》上发表他所提出和阐述的地理学第一定律：任何事物都与其他事物相联系，但邻近的事物比起较远的事物联系更为紧密。

·英国A. N. 达克哈姆和G. B. 梅斯菲尔《世界耕作制度》出版。

·苏联C. B. 卡列斯尼克《地球的基本地理规律》出版。

·美国L. J. 康特瑞和S. L. 斯比格《地区国际政治》出版。该著作将世界划分为三个政治体系，即统治体系、从属体系、内部体系，美国、苏联和中国为统治体系中的三个强大力量。

·苏联基特尼科夫《农业地理学》出版。

·美国G. 克鲁梅《区位论》出版。提出和阐述区位因子包括外部因子和内部因子。

- 瑞士 F. 米勒等《世界永久性雪冰体资料编辑指南》出版。1977 年出版修订版。为国际冰川编目规范。之后，世界多个国家完成冰川目录编纂工作。
- 美国开始建立全球定位系统（GPS）。于 1994 年全面建成。
- 中国黄秉维明确提出和系统阐述"光合潜力"概念及计算公式。
- 加拿大成立环境部。很多地理学家加入。之后地理学家进入 30 余个政府部门工作。
- 加拿大爱德华·雷尔夫发表"现象学与地理学的关系"。
- 英国 C. 费歇尔主张复兴以人地关系为主旨的区域地理学，并认为它是地理学的核心。
- 中国竺可桢函告施雅风"中国冰川第四纪时代的分期方法不能拘泥于欧洲、北美办法，因我们是大陆性气候，冬天雪少，夏季天热雨量多，所以比欧美造成冰川要难得多"。
- 中国台湾沙学浚撰文阐述钓鱼岛属于中国。之后完成系统阐述这一主题的论文集《钓鱼岛属中国之历史、地理与法律根据论丛》。
- 美国约翰·冯·诺依曼的《元胞自动机随笔》出版。由其学生整理。深远影响地理元胞机发展。
- 大规模集成电路开始促进电子计算机发展。电子计算机发展促进地理学和地理学家发展。
- 竺可桢等科学家提供支持特别是地理学科学支持。
- 北非五国绿色坝工程开始进行。为综合地理工程，为实现人地关系地域系统协调工程的巨型工程。以阿尔及利亚为主体的北非五国决定用 20 年建设一条横贯北非的绿色植物带，以恢复这一地区的生态稳定，最终目的是建成农林牧相结合、比例协调发展的绿色综合体，使该地区绿化面积翻一番。
- 中国台湾地区的中国文化大学设地理系。其前身是张其昀 1962 年创办的华冈学园。

**公元 1971 年**

·联合国教科文组织发起成立"人与生物圈计划（MAB）"。1972 年中国成为该计划的理事国。1978 年中国成立"中华人民共和国人与生物圈国家委员会"。

·苏联 A. Г. 伊萨钦科发表"国外地理学著作中的决定论和非决定论"。

·苏联 B. A. 柯夫达完成《亚洲土壤图》。1975 年完成《世界土壤图》。

·美国 O. S. 欧文《自然资源保护》出版。之后多次再版。

·美国《区域预测》出版。

·美国 R. F. 阿布勒、J. S. 亚当斯和 P. R. 古尔德《空间组织：地理学家关于世界的视角》出版。

·英国 D. M. 史密斯《工业区位：经济地理分析》出版。也译为《工业区位论》。1981 年修订再版。他系统阐述区位因素。

·英国 F. E. 汉密尔顿《地理模型》出版。

·美国 W. A. D. 杰克逊《政治与地理的关系》出版。指出政治地理学在地域有关特性的关系中研究具有地域特征的国家。

·瑞典托尔斯坦·哈格斯特朗发表"区域预测与社会工程"。

·美国 W. A. 阿伯奇提出"生态农业"术语。

·联合国教科文组织提出"生物圈保护区"概念。1976 年世界第一批生物圈保护区确立。

·加拿大 L. 恩尔克发表"地理学中的科学解释问题"。

·美国德伯里阐述"尺度转换"问题。

·中国开始开展边疆地理系统研究。

·中国台湾商务印书馆出版《云五社会科学大辞典》（共 12 卷）。其中第十一卷为《地理学》卷，由沙学浚主编。

·美国地理学家协会成立文献和历史委员会。后创办《地理学史研究通讯》，1988 年改为《地理学史杂志》。

- 《中华人民共和国地图集》明确将钓鱼岛海域划入中国版图并用醒目大字标识。之后，中国台湾出版的地图也明确标识钓鱼岛海域属于中国台湾宜兰县。
- 中国台湾沙学浚婉拒为《大英百科全书》撰写"台湾"条目。《大英百科全书》邀请他撰写"台湾"条目，但须按编号预定的详细纲要撰写。详细纲要中规定有国防、外交、政党、司法等项目。沙学浚认为这俨然是将中国台湾地区作为一个国家形式撰写。
- 美国莱基《地理学与资源》出版。
- 中国北京大学地质地理系开始招生。"生产任务带学科"观念严重影响地理各专业招生。
- 开始出现过度强调地理计量模型的倾向。之后受到批评、批判。
- 伊斯兰会议组织成立。简称伊斯兰会议。深远影响世界地理格局。

**公元 1972 年**

- 第 22 届国际地理大会在加拿大蒙特利尔举行。
- 美国劳伦斯·弗雷克斯和伊丽莎白·肯普在《自然》发表"大陆位置对早第三纪气候的影响"。
- 国际地理联合会编纂完成《百年国际会议上的地理问题》。
- 联合国环境规划署（UNEP）成立。1976 年在环境规划署设立了中国驻环境规划署代表处。
- 法国克·杜布瓦主编法国大百科全书《拉鲁斯大百科全书》（共 22 卷，包括索引卷和补遗卷）开始陆续出版。包括丰富地理学和区域地理知识。
- 美国 W. K. D. 戴维斯《地理学概念革命》出版。
- 法国保罗·克拉瓦尔《地理思想及其历史概论》出版。
- 中国黄秉维系统阐述地理环境概念和地理环境的地理研究范式。
- 美国 E. J. 詹姆斯著《地理学思想史》由美国鲍勃斯—梅李尔出版公司出版。中译本由李旭旦翻译，1982 年出版。全书包括序言、一门称为地理的学科、第一篇古典时期（古典地理学的发轫、中世纪的地理学、地理大发现时代、地理大发现的影响、继往开来：亚历山大·冯·洪堡和卡尔·李特尔）、第二篇近代时期（什么是新地理学、德国的新地理学、法国和英国的新地理学、苏联的新地理学、世界其他各国的地理学、第一次世界大战以前的美国新地理学、美国的新地理学——从第一次世界大战到本世纪中叶、应用地理学）、第三篇现代地理学（居住空间的概念、观察与分析的新方法、创新与传统）、附录：人名表。

·美国 E. J. 詹姆斯提出和阐述新地理学 1874 年在德国开创的著名论断。

·苏联 B. A. 阿努钦《地理学的理论基础》出版。

·英国芭芭拉·沃德和美国勒内·杜博斯完成《只有一个地球——对一个小小行星的关怀和维护》。该书是受联合国人类环境会议秘书长 M. 斯特朗委托，为 1972 年在斯德哥尔摩召开的联合国人类环境会议上由 40 个国家提供的背景材料和 58 个国家的 152 名专家组成的通信顾问委员会协助下完成的，提出和阐述从整个地球以及社会、经济和政治的角度来探讨环境问题，要求人类明智地管理地球。

·苏联 B. B. 罗多曼"地域系统"一文发表。

·苏联 C. B. 卡列斯尼克在《自然地理学和经济地理学理论问题》发表"地理科学的研究对象及其体系和分类"。

·中国科学院地理研究所完成《中国及邻海气候图案》3 册传。中国李克让、张丕远从 20 世纪 60 年代开始整理研究。

·英国 P. 海格特类比物理学中热传导的三种方式，提出和阐述空间相互作用的三种形式，即对流式空间相互作用、传导式空间相互作用和辐射式空间相互作用。

·联合国教科文组织"世界遗产委员会"成立。通过《保护世界文化和自然遗产公约》。中国 1985 年加入该公约。深远影响地理学和地理学家。

·瑞典皇家科学院开始创办《AMBIO—人类环境杂志》。中国科学院地理科学与资源研究所自 1994 年起出版该杂志中文版，并在国内外公开发行。

·世界遗产委员会批准第一批世界遗产。

·英国的 P. 哈格特的《地理学：现代的综合》出版。

·中国竺可桢发表"中国近五千年气候变迁的初步研究"。

·苏联 K. K. 马尔科夫发表"地理学的今天和明天"。指出"地理学是综合性科学，离开综合性就没有地理学"。

·中国科学院《中国自然地理》编辑委员会成立。至 1988 年编辑出版《总论》《地貌》《气候》《地表水》《地下水》《土壤地理》《植物地理（上、下）》《动物地理》《古地理（上、下）》《历史自然地理》《海洋地理》共 11 卷 13 册。

·英国 A. G. 威尔逊阐述理论地理学纲领要建立在波普尔证伪原则基础上。

·中国开始开展地球资源卫星的接收、判读、利用及计算机辅助制图的研制。

·罗马俱乐部第一份研究报告《增长的极限》出版。提出和阐述增长的极限问题，为"增长极限论"开端。深远影响地理学和地理学家。

·联合国环境规划署定义"自然资源"概念。

·联合国在瑞典斯德哥尔摩举行第一次"人类与环境会议"，通过《人类环境宣言》和《人类环境行动计划》。

·美国发射全球第一颗地球资源勘测技术卫星。开始航天遥感。

·苏联明茨《自然资源的经济评价》完成。强调自然资源评价必须把地理观点和经济观点结合起来。

·英国洛夫洛克提出盖娅假说。认为地球系统具有自我调解功能。

·中国竺可桢与中国科学院地理科学研究所左大康等四人谈话。他强调地理研究必须注意理论研究的提高，把重点放在影响全局的战略问题上。

·美国地理学家协会、英国地理学家协会等地理组织开始较多承担地理学与公共政策方面研究课题。

·普通系统论创建者美国路德维格·冯·贝塔朗菲提出和阐述马克思辩证法对系统论理论观念发展具有的重要贡献。深远影响地理学和地理学家。

**公元 1973 年**

· 中国毛泽东高度重视与评价侯学煜等着眼于大农业发展的中国自然区划研究与工作。

· 美国 S. B. 科恩提出地缘政治战略区模型。

· 苏联 B. A. 柯夫达《土壤学理论基础》出版。为土壤历史发生学派代表性著作。

· 苏联 B. A. 柯夫达完成《世界土壤分类系统》。为土壤历史发生学分类系统。

· 中国竺可桢按周恩来总理关于气候变化及其对人类影响的指示，约请黄秉维、张丕远、郑斯中、彭公炳等研讨"近来气候变化及其对人类的关系"问题。

· 中国科学院地理研究所在中国科学院和农业部领导下开始组织研究与编纂"中国农业地理丛书"。包括吴传钧、邓静中、郭焕成等编著的《中国农业地理总论》卷和中国省市区卷。部分已由美国国会图书馆英译并收藏。

· 中国开始（至 1992 年）第一次大规模青藏高原综合科学考察。中国科学院自然资源综合考察委员会联合全国近 80 个单位的上千名科技人员参加。考察的中心任务是：青藏高原形成、演变及其对自然环境与人类活动的影响。考察分三个阶段：1973—1979 年考察西藏自治区，1981—1985 年考察横断山地区，1987—1991 年考察喀喇昆仑山—昆仑山区地区。

· 中国台湾商务印书馆出版《中山自然科学大辞典》之《地球科学》卷。

· 英国 R. J. 乔莱著《地理学的方向》出版。

· 英国 M. M. 斯威廷《喀斯特地貌》出版。

· 德国 S. B. 科恩《分裂世界中的政治和地理》出版。为系统性政治地理学著作。将世界划分为两种类型，即地缘战略区和地缘政治区。

·英国克利福德·达比《英格兰历史地理新编》出版。该著作综合运用剖面法研究稳定状态和转变状态,将描述和解释综合起来。

·美国 H. J. 布里吉《系统政治地理学》出版。提出政治地理学应该研究人类行为及其空间的表现系统,包括宏观和微观两种空间尺度、横向联系和纵向联系两种联系。为政治地理学中的系统政治地理学学派代表著作。

·英国大卫·哈维《社会公正与城市》出版。提出和阐述价值维度问题。

·美国威尔伯·泽林斯基的《地理学中的妇女:简要的事实陈述》出版。

·中国植物地理学家在青藏高原发现世界"最高林线"(海拔4600米)和世界最高"树线"(海拔4900米)。

·中国植物地理学家开始在青藏高原发现"世界上最完整最简单的植被垂直带"。

·中国黄秉维组织研究并计算出 $C_4$ 和 $C_3$ 植物的光合效率。

·加拿大 D. J. 沃姆斯利发表"人文地理学中的实证主义和现象学"。

·苏联科洛蒂耶夫提出和阐述广义理论地理学和狭义理论地理学以及地理哲学与地理方法论等。

·英国弗莱明和罗伯茨在《自然》发表"构造——海平面和海底扩张"。

·《自然》发表"地核的形成"。

·《社会科学引文索引》(SSCI)由美国科学信息研究所创办。成为地理学信息平台。

### 公元 1974 年

·中国中共中央主席毛泽东提出和阐述"三个世界"概念和理论。为世界政治经济地理空间秩序的区划和规划确定原则。深远影响世界政治地理研究。

·美国卡尔·奥特温·索尔发表"地理学的第四维度"。其中,提出和阐述时间维度是地理认识的一部分。具有地理科学研究综合范式理论中的时间序列维度的含义。

·美国成立了社会主义地理学家联合会（USG）。为激进主义或马克思主义地理学的组织。

·美国段义孚《恋地情结：环境感知、态度和价值》出版。

·美国 A. 蒲缇梅《地理学中的价值》出版。

·苏联 Б. А. 巴里科夫《莫斯科的俄罗斯地图》出版。

·苏联 В. Б. 索恰瓦发表"预测——现代地理学的一个重要方面"。

·美国 G. 爱德华在《专业地理学家》发表"地理学和公共政策"。主张发展行为地理学。

·美国 P. 柯尔德《意境地图》出版。主张发展行为地理学。

·中国台湾沙学浚主编《云五社会科学大辞典》之《地理学》卷出版。

·中国《中国历史地图集》编辑工作组编纂的《中国历史地图集》由中华地图学社出版，内部发行。为6卷8开本。

·中国《中国沙漠概论》出版。由朱震达等负责。之后，朱震达、吴正、刘恕等《中国沙漠概论（第二版）》1980 年出版，朱震达、吴正、刘恕等《中国沙漠概论（典藏版）》2018 年出版。

·中国以施雅风为首的考察队开展了对巴基斯坦冰川研究。之后一些冰川学工作者到尼泊尔开展考察研究。

·国际能源组织（IEA）成立。是一个与地理有关的国际组织。

·联合国通过《关于科学研究地位的建议》。深远影响地理学和地理学家。

**公元 1975 年**

·国际水文计划开始执行。人类活动对水资源水环境的影响是其主要内容之一。中国设有国际水文计划中国委员会。

·苏联 В. А. 柯夫达完成《世界土壤图》。

·中国科学院西藏科学考察队《珠穆朗玛峰地区科学考察报告》（共

12卷）开始陆续出版。

· 英国 P. 哈格特《地理学——现代综合论述》出版。

· 英国 R. 缪尔《当代政治地理》出版。为系统性政治地理著作，将国家作为一个政治区域进行研究。

· 苏联科学院地理研究所（至1980年）出版了15期《建设地理问题》。

· 世界气象组织—国际科学联盟理事会（WMO—ICSC）在斯德哥尔摩召开会议，提出和使用"气候系统"概念。

· 中国郑度等《珠穆朗玛峰地区科学考察报告（1966—1968）》之《自然地理》出版。为第一部系统阐述珠穆朗玛峰地区自然地理著作。

· 中国郑度发现和开始论证青藏高原三维地带性。发展自然地域分异基本理论。

· 苏联 B. A. 阿努钦在《哲学问题》上发表"地理环境中社会与自然的关系以及地理学的哲学问题"。阐述人地关系问题，认为决定地理环境持续发展的原因是生产发展规律和地球上自然性综合体演变规律的综合作用。

· 中国科学院成立自然资源综合考察组。

· 英国 J. R. V. 普雷斯科特《海洋政治地理》出版。

· 美国 W. H. 莫迪在《科学》上发表"人类中心主义：现代变化"。提出和阐述现代人类中心主义。深远影响地理学家。中国地理学家在20世纪90年代发表"走进人类中心主义"。

· 中国测量出珠穆朗玛峰海拔高度为8848.13米。先后被世界各国使用。

· 中国程国栋《冻土》出版。附小比例尺《中国冻土分布图》。

· 英国 J. H. 伯德阐述波普尔科学哲学理论与库恩科学哲学理论对地理学的作用和意义有很大不同。

· 美国霍尔姆斯·罗尔斯顿在《伦理学》期刊发表"存在一种生态伦理学吗?"。深远影响生态伦理学或环境伦理学的发展。

· 中国科学院地理研究所完成《中国克山病分布图（1∶600万）》

及说明书。

·苏联苏共中央第二十五次大会决议阐述人地关系问题并提出协调关系的重大任务。

·英国《历史地理学杂志》创刊。

·苏联《人与自然》创刊。

**公元 1976 年**

·第 23 届国际地理大会在苏联莫斯科举行。

·第 23 届国际地理大会上有些地理学家提出要"重新评价计量地理学"。

·国际地理联合会取消 1964 年成立的地理学计量方法委员会。

·苏联 И. П. 格拉西莫夫提出和阐述地理学研究核心是研究人与自然或社会与自然的相互作用规律。

·苏联 И. П. 格拉西莫夫《苏联地理学简史》出版。

·苏联 И. П. 格拉西莫夫《建设地理学》出版。他于 20 世纪 50 年代提出的建设地理学思想主张地理学研究人与自然或社会与自然的相互作用规律。

·苏联 Ф. Н. 米里科夫《现代自然地理区划原则》出版。

·美国乔丹《人文景观——文化地理学导论》出版。系统阐述文化区、文化扩散、文化生态、文化整合、文化景观等基础理论问题。之后该著作十余次再版。

·美国 R. 贝利提出生态区划概念并进行美国生态区划。他根据区划目的、区划指标、等级系统等将美国划分为地域、区、省、地段四个区划等级单位的生态区划。之后不断修改完善。

·美国段义孚发表"人文主义地理学"。提出了人文主义地理学概念体系，反思实证主义地理学。李旭旦和汤茂林的中译本于 2008 年发表在《中国城市评论》上。

·苏联 Ю. Г. 萨乌什金《地理科学的历史和方法论》出版。

·苏联 Е. Н. 伊万诺娃《苏联土壤分类原则、系统与命名》出版。

为土壤地理发生学派主要代表之一。综合考虑土壤形成条件、成土过程和土壤属性，建立包括土类、亚类、土属、亚属、土种、亚种、变种、土组、土相等分类单元的土壤地理发生分类系统。

·苏联科学院《环境研究的遥感方法》（共5卷）开始出版。

·中国台湾陈幼璞翻译的《现代地理学观念》出版。

·美国R.贝利提出"真正意义的生态区划方案"的《美国生态区域图》出版。

·"土地利用/覆被变化"概念开始在国际地理界使用。

·美国B.J.贝里提出和使用"逆城市化"概念及其术语。

·中国开展腾冲航空遥感试验，6个部委（局）68个单位的706名科技人员参加，历时3年。

·国际地理联合会成立工业系统委员会。其前身为1972年成立的工业地理工作组。1984年更名为工业变化委员会，1992年更名为工业空间组织委员会。

·国际地理联合会成立"乡村地理委员会"。

·国际地理联合会设立"桂冠荣誉奖"。

·英国剑桥大学东亚科学史馆成立。其中包括地理学。

·中国的长江流域规划办公室组织长江源考察。

·英国开始发展海洋地理学。

·德国提出"协同学"自组织理论。深远影响地理学和地理学家。

**公元1977年**

·国际地理联合会编纂《地理概念的发展》。

·联合国召开世界荒漠化大会。提出治理荒漠化行动纲领，编制《1∶2500万世界荒漠化地图》。

·联合国召开世界荒漠化大会给出荒漠化官方定义。

·地理学界开始出现和使用"荒漠化"概念及其术语。在中国有的也称"沙漠化"。

·国际地理联合会主席M.J.怀斯发表"国际规模的地理学"。指出

"在会员名单中，最引人注目的缺憾是中华人民共和国未包括在内，希望这一情况得到改正"。

· 苏联 И. П. 格拉西莫夫在《哲学问题》上发表"技术革命与地理研究的发展趋势"。

· 苏联道库恰耶夫土壤研究所编纂《苏联土壤分类与诊断》出版。为土壤发生学分类代表性方案之一。

· 英国戴维·史密斯《人文地理学：一种福利的探索》。提出和阐述福利地理学，主要包括不同地理环境中的社会福利水平、各项地理政策对社会福利水平的作用等问题。

· 苏联 E. M. 波洛维茨卡娅《美国科学研究的地理学》出版。1983 年中国出版中文版。

· 美国翻译出版苏联 B. A. 阿努钦《地理学的理论问题》。

· 美国迈阿密大学 H. J. 德伯里《人文地理学》出版。全书将人文地理学的内容划分为人口、文化、居民点、生活方式、政治等单元。

· 中国赵松乔明确提出和系统论述"自下而上"综合自然地理区划的理论与方法。

· 国际地理联合会地理学思想史委员会《地理学家：传记研究》出版。

· 中国台湾周春堤《地理现象与地理思想》出版。

· 英国爱德华·阿诺德出版公司《自然地理学进展》《人文地理学进展》创刊。

· 中国高考制度恢复。深远影响高等地理教育发展。

· 中国成立地名委员会。

· 中国制定《全国地学规划》。包括地理学规划。

· 中国社会科学院成立。前身是中国科学院社会科学部。

· 美国 E. A. 费根鲍姆提出"知识工程"即以知识为基础的人工智能系统。深远影响地理学和地理学家。

· 爱尔兰安·布蒂默和瑞典托尔斯坦·哈格斯特朗开始发起为期十年的国际对话项目。该项目旨在探索科学（家）与人文学（家）之间、学者与公众之间的交流，集中的学科是地理学。之后，以《地理学与人文精神》出版。2019 年中文版出版。

・联合国召开沙漠化大会。

・中国自然辩证法研究会成立。研究会以马克思主义哲学为指导，探索自然界和科技发展的普遍规律。研究领域遍及自然哲学、科学哲学、技术哲学、工程哲学和科学技术方法论等基础研究，数学哲学、物理哲学、化学哲学、地学哲学、医学哲学、生物哲学等应用研究。科学社会学、科学技术与社会（STS）、科学伦理学、生态哲学、环境哲学、经济哲学，以及各个产业、行业领域的一些哲学、方法论、科技政策、发展战略等都是研究会研究的范围。会刊《自然辩证法研究》1985 年创刊。

・美国国家地理学会开始创办"国家地理频道（NGC）"。其中，长期的标志性节目有"国家地理任务"。

**公元 1978 年**

・中国召开"全国科学大会"。在大会的文件以及我国后来的科学技术政策文件中不再使用"任务带学科"的提法。深远影响中国地理科学的发展。

・中国制定和发布《全国自然科学和基础科学发展规划》。包括地理学学科任务。

・苏联 K. K. 马尔科夫发表"现代地理学的一般问题"。倡议统一地理学，提出和阐述地理研究横断方向即把自然—经济—应用连贯起来。

・苏联 B. C. 利亚明的地理学哲学著作《地理学和社会：地理学的哲学和社会学问题》出版。

・苏联 B. A. 洛斯的地理哲学著作《人与自然：生态学的社会学和哲学问题》出版。

・苏联 B. Б. 索恰瓦《地理系统学说导论》出版。1991 年中译本出版。

・苏联 И. B. 克鲁雪《地理通论：地理学系统组织程度》出版。

・英国 R. J. 约翰斯顿《地理学与地理学家》出版。从科学哲学和科学社会学阐述地理学和地理学家。之后多次再版。1999 年中文版根据第四版翻译。

·中国开始改革开放。之后中国一些大学地理系开设城市规划专业。

·中国地理学会经济地理专业委员会会议召开。1980 年出版《中国地理学会一九七八年经济地理专业委员会会议论文选编》。

·中国科学院南京土壤研究所著《中国土壤》出版。

·中国陈传康发表"地理学的新理论和实践方向"。

·中国陈传康开始系统阐述建设地理学。他认为"有关地理环境的改造利用和区域规划设计的综合研究称为建设地理学"。

·中国张新时提出和阐述高原地带性。

·美国 A. N. 斯特拉勒和 A. H. 斯特拉勒《现代自然地理学》出版。中译本 1983 年出版。

·苏联 М. И. 布迪科《全球生态学》出版。

·苏联莫斯科大学著《自然界的物质循环及其在经济活动影响下的变化》出版。

·苏联科学院地理研究所著《生态学最优化问题》出版。

·苏联 Е. А. 科特立亚罗夫《休憩与旅游地理》出版。提出和阐述"旅游地域系统"概念。

·苏联 И. 费多罗夫在《哲学问题》上发表"从描述自然到规划自然"。

·苏联 A. 阿斯兰尼卡什维利发表"地理学认识的对象"。

·美国 R. G. 戈利奇提出城市空间行为模型。

·美国 J. E. 斯潘塞和 W. L. J. 托马斯提出和阐述文化大区、文化区和文化副区等文化区分类系统。

·中国曾昭璇在 1928 年中国冯景兰命名"丹霞层"和 1938 年中国陈国达命名"丹霞地形"的基础上正式命名"丹霞地貌"。之后黄进开始丹霞地貌考察。

·瑞典汤米·卡斯坦《时间中的空间和空间中的时间》出版。对托尔斯坦·哈格斯特朗等 20 世纪 60 年代以来创立的时间地理学和时间地理研究进行系统总结。兰德大学的时间地理学研究成为地理学高地。

·英国《泰晤士世界历史地图集》出版。1982年中译本出版。

·日本桥本万太郎《语言类型地理论》出版。2008年中文版以《语言地理类型学》为名出版。

·美国创办"应用地理学会议"。至2002年已出版《应用地理学会议论文和会议纪要》25卷。2003年改为《应用地理学会议论文集》。

·中国国务院决定编辑出版《中国大百科全书》第一版，共74卷，包括《地理学》卷、《中国地理》卷和《世界地理》卷。

·中国全国科学大会通过《1978—1985年全国科学技术发展规划纲要（草案）》。

·中国全国科学大会《1978—1985年全国科学技术发展规划纲要（草案）》将"农业资源调查和农业区划"列为108项重点项目中的第1项。该项目的核心工作室编制全国1∶100万土地资源图。进一步明确了中国的地理学为农业发展服务的方向。

·中国陈述彭提出将地理信息系统作为地理学的新学科和技术领域分支。

·中国"三北"防护林体系建设工程开始进行。为最大的以植树造林为主的综合地理工程，是人地关系地域系统协调共生的巨型工程。分八期工程：1979—1984年为一期工程，1985—1994年为二期工程，1995—1999年为三期工程，2000—2009年为四期工程，2010—2019年为五期工程，2020—2029年为六期工程，2030—2039年为七期工程，2040—2049年为八期工程。

·"中华人民共和国人与生物圈国家委员会"成立。创办高级科普刊物《人与生物圈》。

·中国召开"全国科学大会"。"中国自然区划""近五百年旱涝研究及超长期天气预报试验""山区大气污染与气象研究""青藏高原气候学的研究""贵州独山县喀斯特地下水的开发利用研究""小流域暴雨洪水研究""珠峰科学考察中的表生地球化学研究"等分别获得全国科学大会重大科技成果奖。

- 中国地理学会组织代表团访问美国，开展学术交流。
- 中国黄秉维在美国演讲"中国农业生产力"。
- 中国陆大道提出和阐述"不同社会制度下具有相同的生产布局规律"思想。
- 中国科学院地理研究所开始研究旅游地理学，组建旅游地理学学科组。
- 中国周廷儒、严钦尚、赵济等《新疆地貌》出版。
- 中国地理学会在上海举行世界地理工作会议。会议期间，商务印书馆陈江把英文版《地理学思想史》带到会上，征求译者，交李旭旦翻译。
- 加拿大格雷戈里《意识形态、科学和人文地理学》出版。
- 中国有关部门组织编制全国森林生态站发展规划草案。1992年修订。
- 中国国家科委开始（至1986年）组织完成"全国海岸带和海涂资源调查"。完成了系列研究报告。
- 《艺术与人文科学引文索引》（AHCI）由美国科学信息研究所创办。成为地理学信息平台。
- 英国I. 拉卡托斯《科学研究纲领方法论》出版。提出和系统阐述科学哲学中的科学研究纲领。影响地理学家的理论构建与评价。
- 中国科学院自然资源综合考察委员会恢复成立。中共中央批准在中国科学院自然资源综合考察组基础上，恢复成立中国科学院自然资源综合考察委员会。
- 中国科学院兰州沙漠研究所成立。由1965年成立的中国科学院地理研究所冰川冻土研究室发展而来。
- 中国科学院兰州冻土研究所成立。由1965年成立的中国科学院地理研究所冰川冻土研究室发展而来。
- 世界建立牙买加体系。深远影响世界和世界地理研究。
- 美国全国人文研究中心成立。得到美国艺术和科学院赞助成立。为著名人文科学研究中心。

**公元 1979 年**

·中国地理学会在广州召开第四届代表大会。选举黄秉维为中国地理学会理事长。这次会议是中国复兴人文地理学的重要会议。

·全球气候变化研究计划（WCRP）开始启动。"全球变化"概念同期形成。

·中国国务院批准"全国海岸带和海涂资源综合调查"的项目。后列入国家"六五""七五"计划重点科研项目。地理学是主要支持学科之一，吴传钧、陈吉余、唐永銮、胡序威、薛凤旋等是主要成员。1990 年完成，1992 年获国家科技进步奖一等奖。

·中国李旭旦在中国地理学会第四届代表大会上发表"人地关系的回顾与前瞻——兼论人文地理学的创新"。对 20 世纪 50 年代对人文地理学的批判进行了评价，并建议复兴人文地理学。

·中国吴传钧在中国地理学会第四届代表大会报告中提出并初步阐述地理学研究核心是人地关系地域系统。

·中国农业区划工作重新开始。中国农业地理研究、农业地理学理论、农业地理学学科因此得到很大发展。

·中国吴传钧提出和阐述了中国 1：100 万土地利用现状图分类体系与表达方法、中国的土地利用结构。之后成为国家土地管理局土地利用分类的重要依据。

·英国 E. 维尔特《理论地理学》出版。

·中国任美锷《中国自然地理纲要》出版。后多次再版、重印和外译。

·中国郭沫若主编《中国史稿地图册》（上、下）开始出版。

·英国布鲁斯·米切尔《地理学与资源分析》出版。之后多次再版。

·联合国提出城市化划分分区。

·世界银行提出贫困线的营养标准即每人每天摄入 2250 卡路里。之后成为地理特别是社会地理分析工具。

·联合国提出贫困线的经济标准即人均年收入 200 美元（按照 1970

年价格）。之后成为地理特别是社会地理分析工具。

・美国沃尔多・托布勒发表"元胞地理学"。

・元胞自动机首次运用于地理空间分析。

・世界银行开始发布《世界发展报告》。不同年份有不同主题。

・中国提出创建经济特区。1980 年中国正式设立经济特区。

・中国科学院地质研究所出版《中国岩溶研究》。

・美国詹姆斯・布劳恩发表"异端的传统"。阐明激进地理学若干基本理论问题。

・美国唐纳德・迈尼希的"注视之眼：同一景象的十个版本"一文发表，提出阐述"任何景观不仅反映眼中所见，而且反映心中所想"。

・美国 R. A. 布里顿提出"休憩地理学"概念。

・英国 F. E. 汉密尔顿和 G. J. R. 林奇的三卷本《空间分析：工业和工业环境》开始出版。

・中国李旭旦和吴传钧等提出"复兴中国人文地理"。

・中国吴征镒完成"中国植物区系"划分。

・中国开始"中国冰川编目"工作。自 1981 年开始陆续出版《中国冰川目录》各卷，至 2002 年全部出齐，共 12 卷 22 册。

・中国李吉均等发表"青藏高原隆起时代、幅度和形式的探讨"。系统阐述青藏高原发育问题。这是 1977 年施雅风主持在山东威海召开"青藏高原隆起时代、幅度和形式问题"学术研讨会的学术总结性论文。1987 年该文观点被写进美国地质学教科书。

・中国谭见安等先后发表文章，指出克山病、大骨节病和低硒带分布规律及其吻合规律，提出了"地方病环境病因学说"。

・中国科学院地理研究所组建旅游地理学科组。吴传钧、郭来喜发表"开发我国旅游资源，开展旅游地理研究"。

・中国《中华人民共和国气候图集》出版。1966 年曾出版《中国气候图集》，2002 年出版《中华人民共和国气候图集》。

・中国《中华人民共和国水文地质图集》出版。

・中国地理学会第四届代表大会在广州召开。李旭旦发表大会报告

"人地关系回顾与前瞻——兼论人文地理学的创新",吴传钧发表大会报告"地理学的昨天、今天和明天"。后以论文"地理学的特殊研究领域和今后任务"为题发表。

·中国科学院和国家计划委员会自然资源综合考察委员会开始"中华人民共和国1:100万土地资源图研究与编制"项目(石玉林主持)。该项目由全国农业区划委员会和中国科学院共同批准,国家计划委员会国土综合开发规划司和国家自然科学基金委给予资助。

·中国《中国自然地理》(共11卷、13册)开始陆续出版。

·中国第一次"全国地名普查"开始,1985年结束。第二次2014年开始。

·中国开始全国第二次土壤普查。以成土条件、成土过程、土壤属性等为土壤分类依据。后陆续出版《中国土壤》等。

·中国建立山东禹城综合试验站。以此站为平台开展一系列重大研究。

·中国郑度、张荣祖、杨勤业发表"试论青藏高原自然地带"。发现和论述青藏高原自然地域分异规律,发展了C.特罗尔创建"三维地带性"理论,是中国青藏高原三维地带性系统研究的开端。发展了自然地理环境分异性理论。

·中国郑度等认为,从三维地带性出发,高原边缘的垂直带与毗邻低地的水平地带有联系,在内部其基带及优势垂直带在高原面上联结、展布,反映出自然地带的水平分异,反过来又制约着垂直自然地带的特点。这是三维地带性在高原上的体现。

·中国李文华等建立欧亚大陆暗针叶林分布上限与纬度之间关系的模型,发展了自然地域分异理论。

·中国全国农业资源调查与区划工作展开。

·中国开始启动编制《中国1:100万土地类型图》。赵松乔主持、主编,陈传康、景贵和等为副主编,46个单位、300余人参加。

·中国国务院成立"全国农业自然资源与农业区划委员会"。地理学是主要支撑学科之一。

- 中国全国农业区划工作会议召开。
- 中国的全国农业区划委员会组成了以周立三、黄秉维和陶鼎来为首的三个专家组。之后完成了《中国农业综合区划》《中国综合自然区划（概要）》《中国农业机械化区划》。
- 苏联开始出版"海洋地理丛书"，计划共6卷。前两卷是《世界海洋经济地理》《世界海洋自然地理》。
- 中国科学院地理研究所组成以沈玉昌为组长的中国地貌图集工作组。研编《1∶100万中国地貌图制图规范》《1∶100万中国地貌图分类系统与图例系统说明（讨论稿）》。这些工作是《中华人民共和国地貌图集》研编的基础。
- 中国首次进行青藏高原气象科学实验。20多个国际单位参加。主要研究4个科学问题。
- 中国云南省气象学会组织季风问题专题报告会。此为中国首次。
- 中国气象局支持成立中国夏季风研究组。有近20个单位参加。
- 中国《自然辩证法通讯》创刊。前身为1956年创刊的《自然辩证法研究通讯》。由中国科学院研究生院主办，是地理学哲学论文发表的主要期刊之一。
- 中国钱学森提出建立国民经济总体设计部的建议。
- 中国科学院遥感应用研究所成立。其前身为中国科学院地理研究所二部。
- 中国新疆大学设地理系。其前身是新疆师范学院1952年设立的史地系。
- 中国遥感卫星地面站开始建设。属于中国科学院重大科技基础设施共享服务平台。
- 中国恢复研究生制度。对中国地理学人才培养和地理学发展有重要作用。

**20世纪70年代**

- 中国总理周恩来提出把总体设计部组织管理方法运用到国民经济

有关部门。总体设计部的概念和实践起源于20世纪50年代后期开始的原子弹、导弹等大规模科学技术工程实践。

· 人文社会科学开始出现空间转向萌芽。开始对地理学产生影响。

· 美国和欧洲在此之前长期批判地理环境决定论的倾向或态势开始得到纠正。

· 苏联 Ю. Г. 萨乌什金明确提出和系统阐述社会经济系统概念及理论。成为地理学莫斯科学派的主要组成部分。

· 较多的地理学家开始担任一些大学的跨学科研究中心主任。如国际研究中心、城市与区域研究中心、东亚研究中心、交通系统分析及环境研究中心等。

· 中国"天地生相互作用研究"开始。影响地理学和地理学家。

· 在此之前，美国和欧洲的地理学的各个分支发展较快，而地理综合严重不足。

· 美国和欧洲的人文地理与自然地理相互脱节现象开始得到系统纠正。

· 中国开始系统考虑与研究高原自然地理区划问题。之后，郑度等提出和阐述高原自然地理区划若干理论问题。

## 第三节 地理学年表:公元1980—1989年

**公元1980年**

· 第24届国际地理大会在日本东京举行。倡议协调人类与地理环境之间关系，复兴区域地理学问题被提出并被作为重点讨论。

· 第24届国际地理大会设立"复兴区域地理学"小组。多数认为要从人地关系角度研究区域地理。具有人地关系地域系统萌芽思想。

· "米兰科维奇与气候"国际会议在纽约举行。米兰科维奇之子受邀作"纪念我的父亲"的报告。

· 中国北京召开"青藏高原科学讨论会"。19个国家和地区的科学家参加。邓小平在人民大会堂接见参加会议的中外科学家。

- 苏联全苏地理大会作出"号召并持续鼓励地理科学的社会化"决议，开始重视社会地理。之后，Ю. Г. 萨乌什金提议该经济地理学为"社会经济地理学"。
- 中国周立三当选中国科学院院士。
- 中国周廷儒当选中国科学院院士。
- 中国侯仁之当选中国科学院院士。
- 中国叶笃正当选中国科学院院士。
- 中国刘栋生当选中国科学院院士。
- 中国任美锷当选中国科学院院士。
- 中国侯学煜当选中国科学院院士。
- 中国谭其骧当选中国科学院院士。
- 中国施雅风当选中国科学院院士。
- 中国陈吉余当选中国科学院院士。
- 中国科学院南京地理研究所《中华人民共和国恶性肿瘤地图集》出版。
- 中国《中国社会科学》创刊。中国地理学家曾在该刊发表文章。
- 国际山地学会（IMS）成立。次年与联合国大学开始创办《山地研究与开发》。
- 中国召开第二次全国农业区划工作会议。
- 中国成立全国农业自然资源调查与农业区划委员会。下设九个专业组。地理学是主要支持学科之一。
- 中国全国农业区划委员会举办农业区划学习班。周立三、邓静中等授课，讲授农业地理与农业区划方面内容。
- 中国开始全国土地资源调查制图工作。中国科学院地理研究所、中国科学院综合考察委员会等是主要参加单位。
- 中国科学院地理研究所经济地理研究室《中国农业地理总论》出版。
- 美国长期生态学研究网络（LTER）建立。此后，中国生态系统研究网络（CERN）1988年开始建立，英国环境变化观测网络（ECN）

1992年建立，国际长期生态学研究网络（ILTER）1993年建立。

·"世界气候研究计划（WCRP）"设立。为世界气候计划（WCP）的世界气候资料计划（WCDP）、世界气候应用计划（WCAP）、世界气候影响计划（WCIP）和世界气候研究计划（WCRP）四个子计划中的最重要部分。

·中国任美锷提出和阐述"人类是一个重要的地质营力，特别是最近两三千年来，人类活动对地质现象有巨大影响"。

·美国贝里发表"创造未来的地理学"。

·中国吴传钧在《人民日报》发表"要因地制宜利用土地资源"。

·苏联 K. K. 马尔科夫发表"现代地理学"。指出统一地理学就是现代地理学。

·中国李春芬发表"区域地理：问题和展望"。

·中国施雅风等完成《中国冰川雪线分布图》。

·国际自然保护同盟（IUCN）的《世界自然资源保护大纲》明确提出和使用"可持续发展"初步概念包括术语或名词。

·国际自然保护同盟发布《世界自然保护大纲》。

·第24届国际地理大会在日本东京举行。倡议协调人类与地理环境的关系，复兴区域地理学问题被提出作为重点讨论。

·苏联 Ю. Г. 萨乌什金《地理学的过去、现在和未来》出版。

·苏联《地理学研究空间方法的主要基础》出版。

·中国地理学会经济地理专业委员会《中国地理学会一九七八年经济地理专业委员会会议论文选编》出版。

·苏联叶·费道罗夫《人与自然：生态危机与社会进步》出版。1986年中译本出版。他在此前后《社会与自然的相互作用》出版。

·苏联 Э. Е. 泽尼斯《社会经济地理研究的方法论和方法》出版。

·苏联《地理学和人类学向地理系统转化》出版。

·苏联《地理学和自然资源》出版。

·苏联 M. K. 班德曼《地域生产综合体——计划前期研究的理论和实践》出版。

- 美国乔治·哈里斯《国际地理学期刊总目》出版。
- 中国郑度到德国波恩大学访学。
- 中国陆大道到德国波鸿鲁尔大学访学。
- 中国李旭旦阐述区域地理学是地理学核心和区域地理要重视解释分析的观点。在此前后，他曾阐述人地关系是人文地理学的核心问题、人地关系论是人文地理学的基础理论，地理学宗旨是协调人地关系。
- 中国朱震达、吴正等《中国沙漠概论（第二版）》出版。《中国沙漠概论（第一版）》1974 年出版。
- 中国牛文元发表"自然地带性的理论分析"。初步建立水平地带和垂直带关系的数学模型。中国张荣祖等 1982 年、中国李文华等 1983 年也建立了有关模型。
- 美国爱德华·厄尔曼提出空间相互作用概念及其原理。
- 中国张青松等代表中国首次参加南极科学考察。
- 中国吴征镒等《中国植被》出版。系统阐述中国的主要植被类型和中国植被区划。
- 苏联 B. A. 茹奇凯维奇《普通地名学》出版。中译本 1983 年出版。
- 英国《不列颠诸岛周围海区图集》出版。是以海洋资源开发为目的的区域性综合海洋地图集。
- 中国张宏达完成地球表层"植物区系"划分方案。
- 中国牛文元发表自然地理环境空间秩序的地带性定量研究模型。1982 年中国蒋忠信提出不同意见。
- 中国全国政协曾世英、武衡等 17 位政协委员提出提案《国家地图集应列入国家规划，继续编纂和公开出版》。
- 中国陈传康建议发展"建设地理学"，认为建设地理学是"综合地理学的应用理论研究"，其核心内容是"区域社会工程研究"。
- 中文地理文献中出现"区域社会工程"概念。
- 中国自然资源研究会成立。1993 年更名为"中国自然资源学会"。
- 中国全国经济地理科学与教育研究会成立。孙敬之为首任会长。之后改名为全国经济地理研究会。

・中国《汉语主题词表》出版。共 10 卷。涵盖地理学及各个分支学科主题词。

・中国科学院地理研究所《中国农业地理总论》出版。为"中国农业地理丛书"系列学术著作中的一卷。

・中国系统工程学会成立。现有专业委员会 27 个：军事系统工程专业委员会、系统理论专业委员会、社会经济系统工程专业委员会、模糊数学与模糊系统专业委员会、农业系统工程专业委员会、教育系统工程专业委员会、信息系统工程专业委员会、科技系统工程专业委员会、交通运输系统工程专业委员会、过程系统工程专业委员会、决策科学专业委员会、人—机—环境系统工程专业委员会、林业系统工程专业委员会、草业系统工程专业委员会、系统动力学专业委员会、医疗卫生系统工程专业委员会、金融系统工程专业委员会、船舶和海洋系统工程专业委员会、能源资源系统工程分会、服务系统工程分会、物流系统工程专业委员会、水利系统工程专业委员会、应急管理系统工程专业委员会、港航经济系统工程专业委员会、可持续运营与管理系统分会、系统可靠性工程专业委员会和智能制造系统工程专业委员会。工作委员会 6 个：学术工作委员会、国际学术交流工作委员会、教育与普及工作委员会、编辑出版工作委员会、青年工作委员会、应用咨询工作委员会。深远影响诸多学科的理论和方法。部分中国地理学工作者参与有关工作。

・中国地理学会主办的首届中学地理教师暑期培训班在北京举行。侯仁之、黄秉维、吴传钧、陈尔寿等作学术报告。

・中国兰州大学邀请英国地貌学家访问兰州大学，举办为期三个月的全国高校冰川沉积学研讨班。

・中国科学院地理研究所主持召开第一次 1∶100 万中国地貌制图工作学术讨论会。之后召开多次。为《中华人民共和国地貌图集》的基础。

・中国崔之久系统总结冰缘地貌的类型、分布、分区。

・有关文献中开始出现和使用"旅游地生命周期"概念。

**公元 1981 年**

·中国林超发表"试论地理学的性质"。阐述地理要素综合等若干问题。

·美国彼德·哈格特定义地理学。地理学是"研究作为人口居住的地球表面空间的学科。"

·中国把国土的开发整治规划等提到国家议事日程。之后，中国地理学会向地理学界发出"地理学要为国土开发整治服务"的号召。中国30多个地理单位200多名地理工作者开始参加各级国土规划整治研究工作，很多单位成立了国土研究机构。

·美国 G. 威廉斯提出气候变迁的大循环说。

·中国地理学家开始研究、设计和编制《1：100万中国土地利用图（集）》。

·中国周立三、邓静中、郭焕成等《中国综合农业区划》出版。系统揭示中国农业地域分异规律。

·中国史念海在《红旗》杂志上发表"黄河中游森林的变迁及其经验教训"。

·美国《美国学院地理学的起源》出版。

·苏联 Л. 库德里亚舍瓦主编论文集《现代苏联地理学的理论问题》出版。同期翻译成英文版。1987年中国根据英文版翻译成中文出版。

·美国杰弗里·马丁《所有可能的世界：地理学思想史》出版。2008年出版中译本。

·中华人民共和国国务院学位委员会学科评议组成立。理科组评议组包括地理学，黄秉维、李春芬等为理科组成员。

·中华人民共和国国务院学位委员会批准第一批博士学位授予权单位和第一批博士生导师。中国科学院地理研究所、北京大学、复旦大学等获批博士学位授予权单位。黄秉维、吴传钧、谭其骧、侯仁之、林超、王乃梁、任美锷等为第一批博士生导师。

·中国科学院成立"中国科学院科学基金委员会"。1986年发展为中国"国家自然科学基金委员会"。开始资助地理学研究。

· 中国科学院青藏高原科学考察队"青藏高原科学考察丛书"开始陆续出版。主要包括《西藏自然地理》《西藏地貌》《西藏气候》《西藏的河流域湖泊》《西藏植被》《西藏农业地理》等34部，约1600万字。

· 中国科学院青藏高原科学考察队开始对横断山地区进行科学考察。之后陆续出版系列科学考察报告《横断山区自然地理》《横断山区干旱河谷》《横断山区土壤》《横断山区冰川》《横断山区垂直气候与森林气候》等。

· 中国地理学家开始阐述自然地域空间秩序及其时间序列。张荣祖阐述青藏高原自上新世以来水平地带和垂直带变化（1981年），邢嘉明阐述华北平原更新世以来水平地带变化（1988年），杨勤业阐述黄土高原不同时期自然地带空间秩序及其变化（1990年）。

· 中国的全国农业区划委员会《中国综合农业区划》编写组《中国综合农业区划》出版。同时，全国诸多省级、县级农业区划开始研编和出版。

· 中国《1∶100万中国土地利用图》编辑委员会成立。1990年出版。

· 中国席承藩、黄金荣等完成中国土壤地理区划。这是"中国自然地理丛书"之《土壤地理》卷的重要组成部分。1982年完善修改。

· 中国施雅风、张祥松提出新增加一个冰川类型即复合型冰川。1964年施雅风、谢自楚提出中国冰川分为大陆型冰川和海洋型冰川。

· 第一次国际景观生态学讨论会在荷兰召开。

· 中国自然辩证法研究会成立。次年成立地学哲学专业组。1983年成立地学哲学委员会，也称全国地学哲学委员会。深远影响地理学发展。

· 中国成立国家南极考察委员会。

· 中国曾世英《中国地名拼写法的研究》出版。

· 中国孙鸿烈、张丕远和张荣祖以联合国大学访问学者名义派往美国科罗拉多大学，分别作有关领域的学术报告，参加科罗拉多高原考察。

· 中国国务院批准成立"中华人民共和国国家大地图集编纂委员

会"。委员会决定按普通地图集、自然地图集、农业地图集、经济地图集、历史地图集等分别编制。

· 中国科学院地理研究所与东京联合国大学举办"中国南水北调对自然环境影响预测"会议。

· 中国"世界农业地理丛书"编委会开始编撰"世界农业地理丛书"。之后陆续出版《世界农业地理总论》《苏联农业地理》《非洲农业地理》《英国农业地理》《印度农业地理》等。

· 中国中央气象局气象科学研究院主编《中国近五百年旱涝分布图集》出版。在此之前，中央气象局完成了中国 120 个站点的长达 500 年的逐年旱涝等级序列，研制出历史资料记载的定量化方法。

· 中国黄秉维发表"确切地估计森林的作用"。1982 年发表"再谈森林的作用"。纠正对森林作用的不科学认识。

· 中国任美锷发表"北京周口店洞穴发育及其与古人类生活的关系"。具有鲜明的人地关系思想特别是自然地理环境对古人群活动的决定作用的思想。

· 中国《经济地理》创刊。由中国地理学会经济地理专业委员会和湖南省经济地理研究所合作创刊。曾发表吴传钧"论地理学研究核心——人地关系地域系统"。

· 中国《历史地理》创刊。由中国地理学会历史地理专业委员会和复旦大学历史地理研究所合作创刊。

· 英国《应用地理学》创刊。

· 美国地理学家协会《应用地理学家辞典》出版。

· 英国 R. J. 约翰斯顿《人文地理学词典（第一版）》出版。包括 500 多个词条，由 18 位撰稿人分别撰写。1994 年《人文地理学词典（第一版）》出版。

· 瑞典阿伦·普雷特主编《地理学中的空间和时间：托尔斯坦·哈格斯特朗纪念文集》出版。

· 中国地理学会经济地理专业委员会在杭州会议上决定成立人文地理研究筹备组，推举 8 位学者为成员、李旭旦为组长。会议期间召开人文地理学学术研讨会。

·中国孙敬之提出和阐述编纂《中国经济地理概论》的计划。

·中国《自然辩证法通讯》开始发表关于庐山有无第四纪冰川的学术争论方面的论文。

·中国施雅风在《自然辩证法通讯》上发表"庐山真的有第四纪冰川吗?"

·中国景才瑞在《自然辩证法通讯》上发表"庐山没有第四纪冰川吗?"

·荷兰公布自然资源核算数据。21世纪初中国开始编制自然资源资产负债表。

·中国出版(至2015年)地理学译著主要是美国、英国、日本、苏联、法国、德国和其他国家或地区的。

·中华人民共和国设国土局。最初隶属于国家建委。

·中国第五届全国人民代表大会四次会议通过的《政府工作报告》指出,各级学校都要加强中国历史和地理的教学,这是向学生进行爱国主义教育的一个重要内容。

·中国国家建设委员会举办国土整治研究班。吴传钧主讲"因地制宜整治国土",胡序威主讲"国土规划与区域规划",孙惠南主讲"中国自然地理概况"。

·中国国家建设委员会主任韩光听取吴传钧和胡序威等地理学能为国土整治做哪些工作建议,明确表示"国土工作与地理研究的关系最为密切"。之后,地理学成为国土研究与工作的主要学科之一,也在国土研究与工作中得到发展。

·中国成立中国国土经济研究会。吴传钧、胡序威为正、副秘书长。

·中国《系统科学理论与实践》创刊。

·中国张其昀负责《中华百科全书》(共10卷)开始陆续出版。

·中国开始系统引进景观生态学。

·中国科协第二次代表大会上,全国地理、地质、天文、气象、海洋沼泽、土壤、植物等学会联合建议加强中学地学教育。

・中国教育学会地理教学研究会成立。简称地理教学研究会。推选东北师范大学张子祯为理事长。

・中国华东师范大学成立人口地理研究所。前身为1956年成立的人口地理研究室。

・中国地理学会主办的第二届中学地理教师暑期培训班在浙江举行。

・海湾阿拉伯国家合作委员会成立。简称海合会。海合会各成员国充分发挥语言和宗教相同、经济结构相似等方面的优势，积极推动经济一体化进程。深远影响区域地理格局和区域地理研究。

## 公元1982年

・联合国在肯尼亚召开人类环境特别会议，通过《内罗毕宣言》。该宣言深远影响世界格局以及地理学家思维。

・美国密歇根大学地理学停办。世界多国的一些大学也出现停办地理系或地理系更名的现象。地理学学科的合法性合理性再次受到质疑。

・中国邓小平提出和阐述"一国两制"。之后不断完善和论述。他根据当代中国的政治地理格局即内地与香港、澳门、台湾在区位、人口、面积、军事、政治、经济、历史、文化等政治地理因素以及地理因素，从和平统一和共同发展的大局出发形成并阐述"一国两制"。

・美国约翰·哈特发表"地理学家艺术的最高形式"。重申地理学重在区域研究传统。

・中国陈传康提出和阐述"综合地理学"和"地理学向精密科学发展"。

・中国杨吾扬和江美球提出地理学研究对象"是以人类社会为主体的地理环境"。

・美国国家科学委员会指出"要保持美国研究工作的活力，就需要有与许多国家的杰出科学家进行广泛合作的计划"。深远影响地理学研究的国际合作。

・中国李春芬发表"地理学的传统与近今发展"。提出和阐述地理学的"三种分析"和"两大系统"的思想和理论。潜含人地关系地域系统思想。

·中国李旭旦发表"大力开展人地关系与人文地理的研究"。明确提出和阐述人地关系（论）是人文地理学的基本理论。

·英国李约瑟《中国科学技术史》（多卷本）获中国国家自然科学奖一等奖。其中包括《地学卷》。

·中国谭其骧主编《中国历史地图集》（共8册）开始公开发行，至1988年出齐。曾于1974年中华地图学社内部发行。后多次印刷。是《中华人民共和国国家历史地图集》的重要基础。

·中国胡焕庸、张善余《世界人口地理》出版。

·中国周幼吾等编制完成《中国冻土分布图》。包括高纬度多年冻土和高海拔多年冻土。

·英国R. J. 约翰斯顿《地理与国家》出版。为系统性的政治地理著作，将国家作为一个政治区域进行深入研究。

·中国周廷儒《古地理学》出版。

·苏联莫斯科大学地理学家提出和阐述按自然—经济综合考虑的苏联地理分区。这个分区是综合性地理区划。

·中国编制出版《中国植被图（1：400万）》。1959年中国曾编制出版《中国植被图（1：400万)》。

·苏联列宁格勒大学地理学家提出和阐述当代苏联地理学的两个主要发展趋势：生态学发展趋势和社会学发展趋势。

·中国植物地理学家在青藏高原发现世界分布最北（北纬29°）的热带雨林。

·中国席承藩、张俊民完成中国土壤地理区划完善方案。是对1981年席承藩和黄金荣方案的完善。该方案将中国划分为4个土壤区域、15个土壤带、90个土壤区。

·中国侯学煜《中国农业土壤概论》出版。提出中国土壤地理区划方案。该方案将中国划分为土壤区域、土壤地区、土壤区三级土壤区划单位。

·中国"全国综合自然地理学教学研究会"成立。会刊为《土地类型与自然区划》。

- 中国程国栋提出冻土形成的重复分凝机制学说。
- 商用地理信息系统软件出现。
- 中国第一批理学类地理学博士研究生招生。
- 中国刘东生等提出黄土高原240万年前开始堆积黄土，建立完整的黄土沉积序列。
- 中国孙敬之主编"中国省市区经济地理丛书"（共30余卷）开始编纂。为中国国家计划委员会委托项目，为区域经济地理科学巨著。1986年开始陆续出版。
- 中国商务印书馆开始出版"汉译世界学术名著丛书"系列。其中包括地理学系列。
- 中国胡焕庸发表"中国八大区人口密度与人口政策"。阐述中国现代地理学意义的第一个人口区划方案。
- 中国任美锷、刘泽纯、王富葆在《自然辩证法通讯》发表"对庐山第四纪冰川问题的几点意见"。
- 中国刘昌茂在《自然辩证法通讯》发表"也谈庐山第四纪冰川"。
- 国际《湿地公约》提出湿地分类系统。
- 美国成立世界资源研究所（WRI）。
- 中国国家教委批准复旦大学中国历史地理研究所成立。其前身是建立于1957年的复旦大学历史系中国历史地理研究室。谭其骧为首任所长。
- 中国社会科学院主持、谭其骧主编《中华人民共和国国家历史地图集》（计划三卷）开始编纂。
- 联合国通过《世界自然宪章》。深远影响地理学和地理学家。
- 中国山西大学黄土高原地理研究所成立。
- 中国《中华人民共和国国民经济和社会发展第六个五年计划（1981—1985）》首次专列一章（第24章）阐述"国土开发和整治"，明确提出在"六五"期间要编制若干重要地区的国土开发整治规划。地理学（家）发挥重要作用，也受深远影响。

- 中国《中华人民共和国国民经济和社会发展第六个五年计划（1981—1985）》中将人文地理学列为要加强研究的薄弱学科之一。
- 中国吴传钧建议将国家建设委员会更改为类似苏联的生产力研究委员会，胡序威建议改为国土建设委员会。
- 中国科学院地理研究所组成由吴传钧、胡序威、孙盘寿负责的"京津唐地区国土开发与整治的综合研究"课题组。京津唐一体化概念和思想初步形成，后来发展为京津冀一体化概念。
- 中国科学院自然科学史研究所《自然科学史研究》创刊。其前身为1958年创刊的《科学史集刊》。是地理学史研究成果主要发表期刊之一。
- 联合国海洋法公约发布。定义领海、大陆架、专属经济区和领海主权等地理概念。深远影响世界地理格局和世界地理研究。
- 中国地理学会主办的第三届中学地理教师暑期培训班在新疆乌鲁木齐举行。

## 公元 1983 年

- 美国国家航空航天局顾问委员会成立地球系统科学委员会。使用"地球系统科学"名词术语。
- 中国钱学森提出建立地球表层学，阐述地理科学的研究对象是地球表层。之后许多文献中将地球表层与地球表层系统并用。
- 中国胡乔木在中央党校讲话中要求领导干部学习人文地理学。成为促进中国的人文地理学发展的重要因素。直接促成中国地理学会决定成立人文地理学研究组和人文地理学专业委员会。
- 中国胡乔木明确阐述人文地理学学科远比经济地理学学科广大，要重视人文地理学。
- 中国钱学森提出和阐述地球表层学的理论基础是系统科学特别是系统学。
- 中国李文华、沈长江提出和阐述"自然资源多级分类系统"。
- 苏联 Т. Ф. 特廖施科瓦主编《地理学百科辞典》出版。

・爱尔兰安·布蒂默《地理学实践》出版。

・地理学界开始重新重视区域地理学并着眼于人地关系。

・中国赵松乔发表"中国综合自然区划的一个新方案"。该方案将中国划分为 3 个大自然区、7 个自然地区、33 个自然区。该方案后用于系列学术著作"中国自然地理丛书"之《中国自然地理·总论》卷。

・中国赵松乔提出和阐述以土地类型为基础的自下而上的综合自然地理区划思想、理论和中国综合自然地理区划方案。

・中国韩慕康发现并命名河流阶地新类型"复合阶地"。

・中国李吉均发表"庐山第四纪环境演变与地貌发育问题研究"。他利用热带亚热带地貌发育理论解释庐山等中国东部山地第四纪沉积现象和地貌演化。

・中国李旭旦和陆诚发表"论十九世纪德国地理学的统一性观点"。该文阐述了哲学、自然科学的发展对地理学发展的重要作用,特别是对德国统一地理学发展的重要作用。

・国际冻土学会成立。中国地理学会冰川冻土分会作为国际冻土学会创会会员加入国际冻土协会。

・中国魏心镇《工业地理学:工业布局原理》出版。

・中国科学院地理科学研究所气候变化组《历史时期气候变化研究方法》出版。

・美国 A. 蒲缇梅《地理学的实践》出版。

・中国彭公秉、陆魏《气候变化的第四类自然因子》出版。阐述地极移动和地球自转速度变化对气候的影响。

・英国大卫·格里格《农业地理学导论》出版。1992 年中译本出版。

・中国孙敬之主编《中国经济地理概论》出版。之后英国出版该书英文版。

・中国陈正祥《中国文化地理》出版。

・中国科学院和联合国大学在北京举办"区域发展规划的理论和实践"学术研讨会。

・中国赵松乔阐述自然地域分异和自然区划问题。认为自然地理环境是一个统一整体，必须将地带性因素和非地带性因素、外生因素和内生因素、现代因素和历史因素结合起来，进行综合分析。

· 中国浦汉昕在《自然杂志》发表"地球表层的系统与进化"。明确提出和阐述地球表层是具有耗散结构的开放系统、地球表层的进化发展过程、地球表层进化的基本特征。

· 苏联完成《1∶800万苏联自然区划图》。

· 中国植物地理学家在青藏高原发现"半常绿阔叶林"和"半常绿阔叶林植被垂直带"。

· 中国李文华初步建立水平地带和垂直带关系的数学模型。

· 以色列希伯来大学道夫尼尔提出人类活动强度指数（HAI）。指标包括代表发展强度的城市人口百分比和代表人对自然演替缺乏知识感应度的文盲人口百分比。

· 中国第一批理学类地理学博士研究生入学。

· 中国宋正海在《百科知识》发表"历史自然学"。

· 中国"全国地学哲学委员会"成立大会召开。

· 中国第一届全国地学哲学研讨会召开。

· 中国第一届全国天地生人相互关系学术研讨会召开。

· "中国科学院禹城综合试验站"建立。

· 国际山地综合开发中心（ICIMOD）在尼泊尔和联合国教科文组织的倡导下成立。1984年正式开始工作。中心设在尼泊尔。

· 美国地理学会主席格罗夫纳在美国地理学家协会年会上，提出了加强学会与协会之间合作计划，高度重视美国中学地理教育。

· 中国吴传钧、邓静中、李文彦、胡序威、孙盘寿五人联名给国务院写信，希望能给予中国科学院地理研究所的经济地理研究机构以较大支持。

· 中国的全国农业区划委员会成立科学顾问组。中国科学院南京地理研究所周立三任副组长，中国科学院地理研究所黄秉维、邓静中任委员。

· 中国科学院批准在中国科学院地理研究所内成立经济地理部。下设农业地理、工业与交通地理、城市与人文地理 3 个研究室。

·美国西南得克萨斯州州立大学设立应用地理学硕士学位。同期确定应用地理学概念。

·"第三世界科学院"成立。总部设在意大利的里雅斯特，是非政府、非政治和非营利性的国际科学组织。2004 年更名为"发展中国家科学院（TWAS）"。有文献称"世界科学院"。TWAS 院士分布在数学、物理学、化学、天文学、地学、生物学、农学、医学、工程科学、社会和经济学等领域。之后，中国多位地理学工作者当选该院院士。

·中国中共中央宣传部批转《中国地理》丛书编写出版工作会议纪要。丛书主编侯仁之。该丛书是胡乔木倡议编写、向广大干部群众特别是青年进行爱国主义教育的读物。1985 年开始陆续出版。

·中国地理学会在南宁举行人文地理学学术研讨会。吴传钧代表中国地理学会宣布中国地理学会人文地理学研究组成立，李旭旦为组长。

·中国地理学会在南宁举行的人文地理学学术研讨会，专门研讨非经济地理学的人文地理学即狭义的人文地理学发展问题，主要包括政治地理学、农村地理学、民族地理学、社会地理学等以及计算地理方法在狭义人文地理学中的运用。

·中国魏宏森《系统科学方法论导论》出版。深远影响中国地理学发展和地理学家。

·中国地方志小组更名为中国地方志指导小组。之后侯仁之、黄秉维、左大康、郑度、邹逸麟等为指导小组成员。

·中国王明远提出地方性甲状腺肿瘤的地理流行与饮用水中碘含量异常之间呈抛物线函数关系。

·中国南京大学自然资源专业开始招生，成立自然资源专业。

·中国地理学会主办的第四届中学地理教师暑期培训班在四川乐山举行。

## 公元 1984 年

·第 25 届国际地理大会在法国巴黎举行。中国吴传钧、李文彦代表中国地理学会参加。

·国际地理联合会恢复中国地理学会会籍。

·苏联安年科夫等发表"美国和苏联地理学家关系的发展（从20世纪50年代到80年代）"。

·中国大百科全书总编委会《地理学》编辑委员会人文地理学编写组《人文地理学》出版。该书为《中国大百科全书》第一版《地理学》卷《人文地理学》部分的单行本。主编李旭旦，副主编周立三、吴传钧，特约编辑陈桥驿、王嗣均。

·中国科学院地理研究所经济地理部在吴传钧主持下召开学术讨论会。

·中国陆大道开始提出和不断阐述区域发展的"'点—轴系统'社会经济空间结构理论"和"中国国土开发与经济布局'T'字形构架"。发展了区域发展空间结构的一般理论，提升了地理学服务于国家和区域发展的能力。

·中国开始研究"中国土壤系统分类"。有别于土壤发生学分类和土壤诊断学分类。促进土壤地理学和土壤地理研究。

·以色列Z.纳沃和美国A.S.利伯曼《景观生态学：理论与应用》出版。

·英国朵琳·玛西的《劳动的空间分化：社会结构与生产地理学》出版。

·法国F.拉马丹《自然资源生态学》出版。

·印度拉马什《资源地理学》出版。

·中国在南极建立南极科学考察站"长城站"。

·中国地理学会成立山地研究委员会。

·中国地理学会人文地理学专业委员会成立并在南京召开第一次专业委员会会议。

·中国加入国际数据委员会（CODATA）。

·国际数据委员会中国委员会成立。

·国际地理联合会成立政治地理研究小组。1988年成立政治地理委员会。

· 中国启动"国家重点实验室"建设计划。之后，多个地理科学方面的国家重点实验室开始建设。

· 中国提出"信息产业"概念。

· 英国大卫·哈维发表"论地理学的历史和现状：历史唯物主义宣言"。

· 中国陈传康发表"哲学发展和科学变革的关系"。

· 中国科学院自然科学史研究所地学史组主编《中国古代地理学史》出版。1991 年该著获中国科学院自然科学二等奖。

· 中国曹婉如在《中国古代地理学史》中首次明确提出和系统阐述"中国地理学发展五阶段说"。

· 英国大卫·哈维《非均衡发展》出版。

· 美国加里·盖勒和科特·威尔默特《空间统计与模型》出版。

· 中国胡焕庸、张善余《中国人口地理》出版。

· 中国丁锡祉提出"山地学"概念，指出山地是一个"自然经济综合体"。

· 中国牛文元提出和阐述"自然地理面"概念。

· 中国李旭旦发表"政治地理学"。提出和阐述政治地理学是"研究国家和地区等各种类型的领土内与领土间的政治活动现象的地理分布或空间分布的一门科学"。

· 中国李旭旦发表"世界各国人文地理流派"。

· 中国李旭旦对有人提出的美国 E. 亨廷顿和 C. 森普尔是德国 F. 拉采尔的流派的观点，提出批评。认为这种观点是不正确的，因为他们是把 F. 拉采尔的观点片面加重甚至歪曲。

· 中国马世骏等提出"社会—经济—自然复合生态系统"概念。

· 中国吴传钧提出和阐述"国土整治区划是国土规划的基础"。

· 中国《资源与环境信息系统国家规范研究报告》（俗称《中国 GIS 蓝皮书》）出版。提出中国 GIS 标准化研究方向和设计。

· 中国黄秉维就如何开展气候变化研究问题致函中共中央书记处研

究室。

· 中国科学院设立"竺可桢野外科学工作奖"。

· 中国席承藩等提出中国综合自然地理区划方案。该方案将中国划分为 3 个大自然区域、14 个自然地带、44 个自然区域。

· 中国地理学会提出发展海洋地理学。之后中国地理学会建立海洋地理专业委员会。

· 中国"农业地理丛书"编委会开始出版"农业地理丛书"。迄今已出版《中国水利与农业》《中国烟草地理》《中国热带作物地理》《中国甜菜地理》《中国甘蔗地理》《中国棉花地理》等。

· 中国侯仁之在美国康奈尔大学讲学。其间接触到《保护世界文化和自然遗产公约》。

· 中国符淙斌和叶笃正提出"全球变化敏感带"概念。

· 中国社会科学院在《社会学通讯》中提出和使用"农民工"概念及其术语。之后成为地理特别是社会地理研究问题。

· 中国地理学会主办的第五届中学地理教师暑期培训班在甘肃举行。

· 中国中央电视台举办"伟大的祖国"电视讲座。由地理教师主讲。

· 中国南京师范大学编辑出版《南京师范大学学报》（人文地理专辑）。

· 中国商业地理研究会第一次代表大会在延吉市召开。成立以杨吾扬为理事长的理事会。

## 公元 1985 年

· 中国国务院批准成立全国自然科学名词审定委员会。包括地理学。1996 年更名为全国科学技术名词审定委员会。从第一届到第七届委员会委员中有林超（第一届）、吴传钧（第二、三届）、陆大道（第四届）、郑度（第五、六届）、傅伯杰（第七届）等。

· 中国地理学会表彰全国从事地理工作 50 年老科学家 33 人。包括王维屏、王成祖、方俊、叶汇、李旭旦、李海晨、李良骐、刘恩兰、刘愈之、任美锷、朱炳海、吕炯、杨曾威、杨克毅、严德一、余俊生、周立

三、周廷儒、林超、林观得、赵耀如、胡焕庸、梁溥、梁祖荫、梁希杰、黄秉维、盛叙功、曾世英、谢家泽、鲍觉民、楼桐茂、厨绍堂、谭其骧。

・中国《中国大百科全书》第一版《地理学》卷《人文地理》分册出版。李旭旦为主编，周立三、吴传钧为副主编。

・中国开始研究建立国内生产总值 GDP 核算制度。1993 年开始正式使用。之后成为中国地理研究重要指标工具。

・中国地理学会在北京召开第五次会员代表大会。选举黄秉维为中国地理学会理事长。

・中国钱学森在致北京大学江美球信中，阐述地球表层学运用系统科学的定量方法，沟通自然科学和社会科学，也可以换一个名字——"数量地理学"。

・英国约翰・约翰斯顿《地理学的未来》出版。

・中国赵松乔主编《中国干旱地区自然地理》出版。

・中国刘栋生《黄土与环境》出版。

・中国杨吾扬《产业和城市区位导论》出版。首次全面系统介绍西方区位理论。

・中国刘栋生提出、阐述和建立反映环境演变的黄土时间序列。后经过中国学者不断完善。该系列与深海沉积时间序列和极地冰芯时间序列并称反映环境演变的三大时间序列。

・挪威阿伦・奈斯明确提出和阐述"深层生态学"人地关系理论。

・中国鲍觉民发表"政治地理学研究的若干问题"。系统阐述政治地理学若干基本理论问题。

・中国王煦柽发表"试论文化地理学的性质和内容"。

・《自然》发表"海洋—大气系统是否存在不止一种稳定运行模态？"。

・《自然》发表"南极冰芯记录的过去 15 万年以来的气候变化"。

・中国郭来喜等发表"中国旅游区划方案"。

・国际地震与地球内部物理学委员会提出全球地学断面计划（GGT）。

- 美国皮尔斯·刘易斯的"超越描述"一文发表。阐述了要准确生动地描述地理事物的思想。
- 《中国大百科全书》第一版《地理学》卷《人文地理》分册收入"旅游地理学"条目。
- 中国全国农业区划委员会主持完成的"中国综合农业区划"获中国国家科技进步奖一等奖。主要完成人有中国科学院南京地理与湖泊研究所、中国科学院地理研究所等单位的周立三、邓静中、郭焕成等。
- 中国国务院批准"关于编制全国国土总体规划纲要的报告"。郑度、胡序威、陆大道、王景华和任鸿遵等参加《全国国土总体规划纲要》综合组工作,吴传钧作为知名专家参加评审工作。
- 中国南极长城站建成。其后又先后建成中山站(1989年)、昆仑站(2009年)、泰山站(2014年)和罗斯海新站(2018年)。
- 中文文献出现"社会—经济地理学"术语。
- 美国T. J. 威尔班克斯阐述地理学应用价值的多态性。
- 中国黄秉维提出和阐述光合潜力计算公式。
- 中国北京图书馆《中国国家书目》编委会《中国国家书目》开始陆续出版。包括地理著作。
- 中国钱信忠主编《中华人民共和国血吸虫病地图集》出版。
- 《中国地理科学文摘》创刊。是地理学文摘刊物。旨在为读者迅速提供有关中国地理科学文献的基本情况和科技动向,推动我国地理科学事业的发展。主要报道中国学者近期在国内外发表的有关我国地理学科及相关学科的科研成果、报告、论文、专著等。后更名为《中国地理与资源文摘》。
- 中国《青年地理学家》内部刊物创刊。
- 中国陆大道《区位论及区域研究方法》出版。
- 美国彼得·古尔德《工作中的地理学家》出版。阐述问题之一是地理学核心的缺失。
- 英国P. J. 泰勒《政治地理学》出版。后多次再版。
- 中国开始出版"世界石油地理丛书"。已出版《苏联石油地理》

《非洲石油地理》等。

· 中国史念海等《黄土高原森林与草原的变迁》出版。

· 中国西安外国语学院（现西安外国语大学）设人文地理研究所。中国科学院地理研究所吴传钧为名誉所长。

· "中国地理丛书"编委会"中国地理丛书"开始陆续出版。包括自然地理类、人文地理类、区域地理类等。

· 中国自然辩证法研究会《自然辩证法研究》创刊。是地理学哲学学术论文主要发表刊物之一。

· 中国新疆资源开发综合考察开始。至1989年结束。完成《新疆资源开发与生产布局》《新疆区域经济发展战略》等考察报告。

· 中国自然资源研究会成立干旱区半干旱区委员会。

· 中国胡序威、蔡清泉登门向时任厦门市副市长习近平介绍和汇报地理学有能力为厦门市发展战略贡献力量。之后厦门市政府很快致函中国科学院邀请中国科学院地理研究所承担厦门市发展战略研究项目。

· 中国第一家地理科技开发公司"大地科技开发公司"创办。

· 中国地理学会主办的第六届中学地理教师暑期培训班在上海举行。

**公元1986年**

· 国际地理联合会在西班牙巴塞罗那召开区域会议。

· 国际地圈—生物圈计划（IGBP）设立。为由国际科学联盟理事会（ICSU）发起并组织的重大国际科学计划。1983年提出。1990年正式实施。该计划以描述和理解控制整个地球系统的关键的相互作用的物理、化学和生物学过程，描述和理解支持生命系统的独特地球环境，描述和理解发生在地球系统中重大全球变化及人类活动的影响方式等为科学目标；以增强对未来几十年至百年重大全球变化的预测能力、为国家一级的资源管理和环境决策服务为应用目标。

· 中国成立国家自然科学基金委员会。其前身为1981年成立的中国科学院科学基金委员会。开始资助地理学研究项目。1987年成立地理学第一届评审组。

- 中国科学院地理研究所变更为中国科学院和国家计划委员会地理研究所，即开始以科学院为主的双重领导。之后，某些省地理研究所也开始实行省科学院和省计划委员会的双重领导。双重领导为地理学更好地服务国家和地区发展提供制度条件，也促进了中国的应用地理学发展。
- 中国"地理学名词审定委员会"第一届委员会成立。林超为主任，左大康、吴传钧、王恩涌为副主任，任美锷、陈述彭、郑度、李春芬等任委员。开始《地理学名词（第一版）》编纂工作。
- 中华人民共和国国家土地管理局成立。负责全国土地、城乡地政的统一管理工作。是地理学直接服务国家发展并对接的主要机构。中国吴传钧1979年提出和阐述的中国1：100万土地利用现状图分类体系与表达方法、中国的土地利用结构，成为国家土地管理局土地利用分类的重要依据。
- 中国赵松乔《中国自然地理》（英文版）在美国出版。为第一部中国人著述的中国自然地理英文著作。
- 苏联科学院地理研究所编制科学研究五年规划。规划主题之一是人地关系研究。
- 加拿大维金完成加拿大全国生态区划方案。该方案将全国划分为生态地带、生态省、生态区域、生态小区等各级生态区划单位。之后不断修改完善。
- 美国R. T. T. 福曼和法国M. 戈德龙《景观生态学》出版。
- 中国杨吾扬、张国伍、张文尝等《交通运输地理学》出版。为孙敬之主编"经济地理学理论丛书"中之一卷。
- 中国钱学森提出"地理科学"概念，提出"从定性到定量综合集成法"是研究地理系统可行方法的重要观点。
- 中国黄秉维在德国讲学。讲授"中国气候区划与自然地理区划的回顾与展望"。
- 中国黄秉维提出和阐述地理概念的术语混乱、内涵歧义，特别是"区域种类"太多等关于地理概念问题。
- 中国黄秉维提出中国综合自然区划要不断更新和每五年一个新版

本的设想。

- 中国钱学森 7 月 16 日致信中国地理学会理事长黄秉维。提出三峡工程不是水坝问题，而是地区开发问题。
- 《中华人民共和国国民经济和社会发展第七个五年计划》出现中国社会经济发展的"三大地带"概念和思想，成为我国宏观区域政策的重要地域范畴。根据经济发展水平和在国家发展中的地位及任务的差异而划分的沿海地带、中部地带和西部地带这一概念和思想，是地理学中的基本概念和思想。深远影响地理学和地理学家。
- 中国地理学家从综合地理学等多学科角度研究和论证三峡工程问题。之后，黄秉维、侯学煜受聘为长江三峡工程论证生态与环境组顾问，陈昌笃受聘为生态与环境组专家，郭来喜受聘为长江三峡工程论证综合经济组专家。部分人员或持反对意见或没有签字。
- 中国李吉均、谢应钦建立中国冰川分类的 18 项指标，把中国的冰川分为西风海洋型冰川、季风海洋型冰川、季风大陆型冰川、内陆大陆型冰川。
- 中国国家"七五"重点科技攻关项目"黄土高原地区综合治理开发"开始（至 1990 年）。其中，黄土高原自然地理环境专题负责人是杨勤业。
- 中国沈玉昌、龚国元《河流地貌学概论》出版。
- 《中国 1∶100 万土地资源图》（分幅）开始陆续出版。
- 中国褚亚平主编《地名学论稿》出版。
- 中国宛敏渭等《中国自然历选编》（上、下）开始出版。
- 中国宛敏渭、刘秀珍《中国动植物物候图集》出版。
- 美国 D. W. 米尼格《美国的定型》开始出版。
- 中国鲍觉民发表"政治地理学研究的若干问题"。提出和阐述政治地理学是研究"人类社会政治活动和政治现象与地理环境之间的关系"的学科，这一关系包括地理环境对人类社会政治行为和决策的影响与人类社会政治行为和决策对地理环境的影响。
- 中国陈传康发表"区域概念及其研究途径"。

- 中国科学家发起成立"中国青藏高原研究会"倡议。1988 年成立。
- 中国建立"遥感飞机"平台。
- 中国《全国国土总体规划纲要》中提出和划分了中国的三大经济地带，提出了开发布局的主要轴线。
- 《中华人民共和国国民经济与社会发展第七个五年计划（1986—1990）》中首次专设一章"国土开发与整治"。
- 中国制定《国家高技术研究发展计划纲要》，简称"863 计划"。
- 中国孙敬之主编"经济地理学理论丛书"开始陆续出版。已经出版胡兆量等《经济地理学导论》、杨吾扬和张国伍等《交通运输地理》、刘再兴等《工业地理学》等。
- 中国开始国家级重点学科评选工作。之后，北京大学、北京师范大学和华东师范大学等的地理学学科评选为地理学重点学科，南京大学、兰州大学等的自然地理学评选为自然地理学重点学科，中山大学等的人文地理学学科评选为人文地理学重点学科，南京师范大学和武汉大学等的地图学与地理信息科学评选为地图学与地理信息科学重点学科，南京师范大学的人文地理学学科评选为人文地理学培育重点学科。
- 《中国汉语大辞典》开始陆续出版。对许多地理名词进行解释。
- 国际地理联合会成立海洋地理研究组。
- 美国霍尔姆斯·罗尔斯顿《哲学走向荒野》出版。主要是他在 20 世纪 60 年代初到 80 年代中发表的关于环境伦理方面的论文集，阐述了他的环境伦理学思想。深远影响地理学和地理学家。
- 中国《人文地理》创刊。由中国地理学会人文地理专业委员会和西安外国语学院人文地理研究所合作创刊。原名《国外人文地理》。
- 中国《地理新论》内部刊物创刊。至 1990 年共 5 年。黄秉维等曾在此发表论文。
- 联合国通过《发展权利宣言》。深远影响地理学和地理学家。
- 中国启动国家级可持续发展实验区。由国家社会发展综合实验区改为现名。
- 中国科学院生态环境研究中心成立。其前身为 1975 年成立的环境化学研究所和1980年成立的生态学研究中心筹备组。

·中国毛汉英开始到苏联列宁格勒大学访学，从事区域区划学习与研究。

·中国地理学会主办的第七届中学地理教师暑期培训班在内蒙古呼伦贝尔盟举行。

**公元1987年**

·中国"青藏高原隆起及其对自然环境与人类活动影响的综合研究"成果获得国家自然科学奖一等奖。主要完成人员有刘东生、施雅风、孙鸿烈、郑度、吴征镒、杨逸畴、李炳元、张荣祖、李吉均、李文华、藤吉文等。该成果主要包括高原岩石圈结构和形成演化、晚新生代以来的隆起过程与环境变迁、高原自然环境及其地域分异、生物区系组成与演化及生物对高原环境的适应、自然资源的评价及其开发利用。这些成果和进展填补了青藏高原区域研究的空白，丰富和发展了地学、生物学以及资源与环境科学的基础理论和应用实践，1980年在北京举行的"青藏高原国际科学讨论会"上，引起国际学术界的关注和重视，产生了广泛的影响。从而使我国对青藏高原的综合科学研究处于世界前列和领先地位。

·"中国自然环境及其地域分异的综合研究"成果获得国家自然科学奖二等奖。获奖成果包括《中国自然区划》《中国自然地理》《中华人民共和国自然地图集》。主要完成人有黄秉维、陈述彭、侯学煜、沈玉昌、周廷儒、廖克、陈昱等。

·中国钱学森在中国科学院地学部委员大会上发表"关于地学发展问题"。提出和阐释"地理科学是自然科学和社会科学的汇合（或交叉）"思想。

·中国钱学森发表"发展地理科学的建议"。提出和阐释"地理科学就是一门综合性的科学，地理科学的研究对象就是地球表层"。之后，提出和阐释地球表层、地理系统、地理建设等概念。

·中国钱学森提出要建立"地理学哲学"观点，认为地理学要进行更高一层次的概括即地理科学的哲学概括就需要一门学问。这门学问就是地理学哲学或元地理学。

- 中国钱学森明确阐述地球表层学是自然科学和社会科学的交叉。
- 中国黄秉维在中国科协三届二次会议上发表"关于地球表层研究的一些看法"。
- 世界气候变化及其对策国际学术讨论会提出以南北纬24°作为热带范围。
- 美国"地球系统科学"概念首次定义。1983年首次使用"地球系统科学"名词。
- 中国钱学森5月24日、5月31日分别致信中国地理学会理事长黄秉维。讨论地理系统工程和地球表层学问题。
- 中国完成的1∶100万中国分幅地貌图开始陆续出版。
- 中国王铮、韦省民、史培军在《青年地理学家》发表"论地理工程"。
- 世界环境与发展委员会（WECD）向联合国大会提交《我们共同的未来》报告，正式明确提出和阐述可持续发展的科学内涵。
- 中国"国土开发与经济布局的T形空间框架"概念和思想进入中国《全国国土规划纲要》。
- 中国科学院和国家计划委员会地理研究所开始从事贫困地区发展综合研究。1989年完成出版《中国的贫困地区类型及开发》。
- 中国胡兆量等《经济地理学导论》出版。1992年获国家教育委员会优秀教材一等奖。
- 中国吴正《风沙地貌》出版。
- 中国"万里长城"进入《世界文化遗产名录》。
- 中国杨吾扬、陆大道、牛文元、左大康等发表"理论地理学六人谈"。
- 中国陈昌笃命名"极旱荒漠"并论证其划分。
- 中国国务院环境保护委员会发表《中国自然保护纲要》。
- 中国《中华人民共和国地名辞典》（按省级行政区共31卷）开始

出版。

• 中国国务院人口普查委员会和中国科学院地理研究所主编的《中国人口地图集》中文版出版。英文版由牛津大学出版社出版。图集以 1982 年中国全国人口普查资料为主要依据。

• 中国张福春、王德辉、丘宝剑《中国农业物候图集》出版。这是第一本全国农业物候图集，是国内出版的项目比较齐全的全国农业物候图集。图集中有 18 种稻米、玉米等农作物，37 种树木和草本植物，以及 10 种候鸟昆虫等全国物候图 300 余幅。由黄秉维作序。

• 中国张福春、王的辉、丘宝剑《中国农业物候图集》出版。

• 美国约翰·阿格纽《世界经济中的美国：区域地理学》出版。

• 《自然》发表"HIV 的传播动力学"。

• 美国地理学家协会主席 R. F. 阿布勒阐述地理学研究核心问题。

• 苏联《古老的俄罗斯和大草原》出版。

• 英国 R. W. 斯蒂尔《英国地理学》出版。

• 中国熊毅、李庆逵《中国土壤（第二版）》出版。

• 联合国第 42 届大会通过把 1990—2000 年确定为"国际减轻自然灾害十年"。简称"国际减灾十年计划"。1989 年联合国大会通过了《国际减轻自然灾害十年国际行动纲领》，进一步指出，其目的是通过一致的国际行动，特别是在发展中国家，减轻由地震、风灾、海啸、水灾、土崩、火山爆发、森林火灾、蚱蜢和蝗灾、旱灾和沙漠化，以及其他自然灾害所造成的生命财产损失和社会经济失调。地理学是"国际减灾十年计划"的主要支持学科之一，也获得发展机遇和条件。

• 中国成立国家气候委员会。国家气候委员会由国家科委、国家计委、国家经委、国家气象局、中国科学院、国家教委、国家海洋局、水电部、国家环保局、农牧渔业部、林业部、地质矿产部、总参气象局等部门的领导和专家组成。国家气候委员会挂靠在国家气象局。

• 中国颁布试行《全国国土总体规划纲要》。

• 中国颁布《公路自然区划标准》。

• 中国始建于 1985 年的"资源与环境信息系统国家重点实验室"建

成。正式向国内外开放。依托单位为中国科学院地理科学与资源研究所。首届学术委员会主任为陈述彭。该实验室以承担国家重大科研任务和国际合作研究为重点，积极推进地球信息科学的发展。

·中国科学院成立"国情研究小组"。地理学家周立三为组长。

·联合国环境规划署（UNEP）与中国签订协议，以兰州沙漠所为依托建立"联合国国际沙漠化治理研究培训中心"。该中心迄今已经举办20多期国际沙漠化防治培训班，培训500多位来自50多个国家和地区的学员。培训内容包括沙漠化原因、过程和防治的可能性等理论知识，系统介绍中国防治沙漠化的基本原理、技术体系和管理经验等实践知识。根据联合国环境规划署和荒漠化公约要求，派遣专家组帮助发展中国家制定"荒漠化防治国家行动计划"。

·中国叶笃正开始开展属于地球系统科学研究的中国的全球变化研究。

·中国科学院受中共中央农村研究室和国务院农村发展研究中心委托，成立由周立三负责的国情分析小组。后完成和出版多部国情分析著作。

·北京国际地理信息系统学术讨论会召开。

·中国《中华人民共和国地名词典》（多卷本）开始陆续出版。

·加拿大R.科尔·哈里斯主编的《加拿大历史地图集》出版。

·中国科学院长春地理研究所在三江平原建立沼泽生态站。

·中国牛文元计算了中国1100个县的平均临接数为5.71，接近六边形网络中的临接数6.0。

·英国P.哈格特计算了巴西100个县的平均临接数为5.89，接近六边形网络中的临接数6.0。

·国家自然科学基金委批准"经济区划理论与方法"课题。

·中国楼宏在至钱学森的信中，阐述中国地理学水平问题，并提出留学生可以为中外地理科学学术交流贡献力量。

**公元 1988 年**

· 第 26 届国际地理大会在悉尼举行。

· 中国吴传钧在第 26 届国际地理大会上当选为国际地理联合会副主席（1988—1996 年）。之后当选为该会副主席的有刘昌明（2000—2008 年）、秦大河（2008—2014 年）、周成虎（2014—2018 年）、傅伯杰（2018—2022 年）。

· 中国全国科学技术名词审定委员会审定与公布《地理学名词》（第一版）出版。全国自然科学名词审定委员会公布。编委会主任林超，副主任左大康、吴传钧、王恩涌，委员任美锷、刘昌明、李春芬、陈述彭、周立三、郑度、郭来喜等。

· 国际地理联合会成立政治地理委员会（CPG）。其前身为国际地理联合会于 1984 年成立的政治地理研究小组。该委员会是一个全面研究权力、政治与空间关系的权威性学术团体。

· 美国霍尔姆斯·罗尔斯顿《环境伦理学：大自然的价值以及人对大自然的义务》出版。明确提出和系统阐述"自然价值论"的人地关系理论。该著作有多种语言版本。

· 美国国家航空航天局顾问委员会领导下的地球系统科学委员会出版《地球系统科学》。给出反映大气、海洋和生物圈之间及其物理过程和生物地球化学过程的模式图。1992 年中译本出版。

· 美国维尔特·泽林斯基《民族到国家：美国民族主义象征基础的转移》出版。

· 中国钱学森提出和阐述"城市及城市体系的形成地理因素非常重要"，城市学是地理科学体系中间层次的技术学科。

· 中国黄秉维在长江三峡工程生态与环境专题论证专家组报告会上，做"关于三峡工程生态与环境影响的几个问题"的发言。

· 中国吴传钧发表"发展具有中国特点的人文地理学"。

· 中国李吉均等提出和阐述"季风三角"概念及其术语。系统阐述中国东部第四纪环境演变的空间秩序及其动因机制。

- 中国侯学煜《中国自然生态区划与大农业发展战略》出版。系统阐述自然生态区划与大农业发展之间的关系，将中国划分为 20 个自然生态区。

- 中国侯学煜《中国植被地理》出版。

- 中国施雅风主编《中国冰川概论》出版。

- 中国施雅风等编制完成 1∶400 万《中国冰雪冻土图》。

- 中国杨吾扬《地理学思想简史》出版。主要包括理论基础、古代地理学思想、近代地理学思想、现代地理学思想、中国近代和现代地理学思想、对地理学性质和体系的总括看法。明确提出中国近代地理学先天发育不足，是半殖民地半封建社会性质的必然产物。

- 中国侯仁之《北京历史地图集》由北京出版社出版。2013 年出版《北京历史地图集》系列。

- 中国史念海《西安历史地图集》由西安地图出版社出版。

- 中国黄荣金、杨勤业等《现代自然地理》出版。

- 中国施雅风等完成《中国雪冰冻土图》。

- 中国侯仁之主编《锦绣中华》出版。为"中华大地丛书"之第一卷。

- 中国杨吾扬发表"理论地理学的科学问题"。

- 著名期刊《自然》发表"过去十年中全球变暖的证据"。

- 中国楚义芳《地理学报》上阐述"地理学公理"问题。该文明确提出地理学的集群公理、势能扩散公理、距离衰减公理、序动公理并协调阐述，阐述了地理学若干基本理论的地理学公理基础。之后，中国王铮等在《地理学报》发表商榷文章。

- 加拿大地理学家协会授予中国李春芬特别荣誉奖。

- 中国科学院开始建立中国生态系统研究网络（CERN）。包括森林生态系统研究站、草原生态系统研究站、沼泽生态系统研究站、荒漠生态系统研究站、湖泊生态系统研究站、海洋生态系统研究站、喀斯特生态系统研究站、农田生态系统研究站和城市生态系统研究站。

- 中国西藏自治区政府委托中国科学院青藏高原综合考察队编制

《西藏自治区"一河两江"中部流域地区资源开发和经济发展规划》。

· 中国杨勤业等确定自然地理意义上的黄土高原范围和面积。

· 中国台湾王洪文《地理思想》在中国台北出版。

· 苏联《苏联地理学家词典》出版。为"研究地理学家"的著作。

· 英国霍尔特·詹森提出一般公众对地理学和地理学家的三种共同性的错误理念。

· 中国地质出版社开始出版"中华大地丛书"。陆续出版《锦绣中华》《丝绸之路》《世界屋脊》《东北大地》《大江上下》《长城内外》《黄河两岸》《南国风貌》。为具有学术性、科学性、普及性和艺术性的以图片为主的著作。

· 美国 T. 佩奇在其"代际公平和社会贴现率"中提出和使用"代际公平"概念及其术语。

· 美国电视《美国,你好》聘请地理学家哈尔姆·J. 德伯里任地理编辑。

· 英国克利福德·达比因在历史地理学上的贡献被封为爵士。

· 瑞典托尔斯坦·哈格斯特朗等完成《北欧的地理学家:职业生涯中的反映》。为"研究地理学家"的著作。

· 中国举行三峡工程论证会。孙鸿烈受聘为三峡工程论证领导小组特邀顾问。

· 中国举行三峡工程生态与环境专题论证会。侯学煜、黄秉维作为顾问参加,陈昌笃、唐永銮、傅抱璞、刘培桐等作为专家参加。

· 中国举行三峡工程综合经济评价专题论证会。郭来喜、马霭乃等作为专家参加。郭来喜没在论证报告上签字。

· 中国举行三峡工程移民专题论证会。尤联元、浦汉昕、蔡运龙等作为专家参加。

· 中国成立国际地圈—生物圈计划中国委员会(CNC-IGBP)。该委员会代表中国参加 IGBP 的有关活动。

· 中国学者提出土地利用可能是人类诱发的全球变化的主要表现形式之一。在 IGBP 计划中得到反映。

・中国唐代杜佑《通典》由中华书局出版。该著作是历史地理研究的重要文献。

・中国数学家谷超豪提出自然区划单位冗长问题。

・中国加入世界数据系统（WDS）科学委员会。并成立9个学科数据中心。

・中华人民共和国建设部设城市规划司。其前身是1982年设立的城乡建设环境保护部城市规划局。

・中华人民共和国建设部设城市建设司。其前身是1985年设立的城乡建设环境保护部城市建设局。

・中华人民共和国民政部设行政区划和地名管理司。该司同时为中国地名委员会办公室。

・《中国干旱区土地资源》英文版（赵松乔主编）创刊。在美国纽约出版。

・联合国成立政府间气候变化专门委员会（IPCC）。由世界气象组织（WMO）和联合国环境规划署（UNEP）建立。IPCC下设三个工作组和一个专题组：第一工作组评估气候系统和气候变化的科学问题，第二工作组评估社会经济体系和自然系统对气候变化的脆弱性、气候变化正负两方面的后果和适应气候变化的选择方案，第三工作组评估限制温室气体排放并减缓气候变化的选择方案，第四个小组即专题组是国家温室气体清单专题组，负责IPCC《国家温室气体清单》计划。

**公元1989年**

・国际合作研究计划"全球变化研究计划"开始。次年组成全球变化研究行动小组。该计划以地球系统科学理论为指导，涉及地球科学、生物科学、环境科学、数学和物理学、天体科学和遥感技术、极地科学、社会科学、数据库技术与网络化技术等学科领域，由全球气候研究计划、国际地圈—生物圈计划、全球环境变化的人文因素计划、生物多样性计划四个相对独立又相辅相成的分计划组成。

・美国R.贝利编制和阐述世界生态区域图。

- 国际地貌学会成立。中国地理学会地貌与第四纪专业委员会作为创会会员加入国际地貌学家协会。
- 美国总统乔治·赫伯特·布什等要求建立学校教育"国家标准"。其中涵盖地理学。
- 中国国家地图集编纂委员会主持、中国科学院南京地理与湖泊研究所和地理研究所主编的《中华人民共和国国家农业地图集》出版。图集分为5个图组：第一是序图，反映中国地理位置与疆域、行政区划、人口、民族、农业历史发展与成就，以及全国农业分区；第二是农业自然条件与自然资源，主要表示与农业密切相关的地貌、气候、水文、土壤、生物资源、农耕能源等分布状况及其质量特征；第三是农业社会经济条件和技术设施状况；第四是农业各部门、各作物的分布特征和生产水平；第五是农业土地利用，除全国农业土地利用图外，以较大比例尺选择了有代表性的各地区典型图幅。
- 中国科学院副院长孙鸿烈开始任全国农业区划委员会委员。
- 中国成立"中国国际减灾十年委员会"。中国的自然地理学提供支持，也为中国自然地理学发展提供条件。
- 中国谭见安主编的《中华人民共和国地方病与环境图集》出版。
- 苏联《种族起源和地球的生物圈》出版。
- 美国加里·盖勒和科特·威尔默特《美国的地理学》出版。阐述地理学传统与创新，阐述"地理学的核心是一套地理学家用于各自教学和研究的假设、概念、模式和理论"。
- 英国德里克·格雷戈里的"地域差异与后现代人文地理学"一文发表。
- 中国钱学森1月7日致信中国地理学会理事长黄秉维。讨论地理科学与自然科学和社会科学同等地位问题。
- 中国黄秉维发表"中国综合自然区划纲要"。提出修改后的《中国综合自然区划方案》。
- 中国科学院、国家计委自然资源综合考察委员会开始（至1992年）刊印《中国国土资源数据集》共4卷。

·中国国情著作《生存与发展》出版。为周立三领导的中国国情研究小组所完成的《中国国情分析报告》第 1 号。后陆续出版《开源与节约》（1992 年）、《城市与乡村》（1994 年）、《机遇与挑战》（1995 年）、《农业与发展》（1997 年）、《就业与发展》（1998 年）、《民族与发展》（2000 年）、《两种资源市场》（2001 年）和《新机遇与新发展》（2005 年）等第 2 号至第 9 号国情分析报告。

·中国"中国地理学专著丛书"编委会"中国地理学专著丛书"开始陆续出版。

·苏联列奥尼德·斯立亚金《美国的区域》出版。

·美国 R. 贝勒提出"世界各大陆生态分区方案"。

·中国杨勤业、郑度、刘燕华《世界屋脊》出版。

·中国科学院长春地理研究所《中国自然保护地图集》出版。

·中国启动"长江中上游"防护林体系建设工程。

·美国的国际地球科学网络信息中心（CIESIN）在密歇根州建立。1998 年迁到纽约，成为哥伦比亚大学的一个数据中心。

·中国谭其骧提出《划全国为 50 省的具体方案》。

·中国施雅风、崔之久、李吉均等 30 多位专家《中国东部第四纪冰川与环境问题》出版。在识别出以前被称为冰川沉积的泥石流沉积基础上系统提出和阐述否定庐山冰川说。

·中国白寿彝《中国通史》之《第一卷导论》中，阐述历史发展的地理条件。

·英国戴维·皮尔斯等在《绿色经济蓝皮书》中提出和使用绿色经济概念及其术语。

·世界冰川监测服务处（WGMS）《世界冰川目录》出版。

·中国钱学森致信《地理新论》编辑部。

·中国科学院建立植被数量生态学开放实验室。

·苏联完成第一项选举地理学研究项目。

·美国加里·盖勒等阐述地理学的核心。

·中国与法国合作项目"中法喀喇昆仑—昆仑山合作考察"开始执

行。首席科学家郑度。

- 美国国际地圈—生物圈计划委员会主席访问中国科学院地理研究所。他与黄秉维交流后感叹中国在全球变化上的思想已先走了30年。
- 中国科学院文献研究中心建立中国科学引文数据库（CSCD）。
- 亚太经合组织成立。深远影响世界和地区的地理格局。
- 中国地理学家赵松乔到台湾开展学术活动。
- 中国召开全国首届景观生态学学术讨论会。

## 20世纪80年代

- 第二次世界大战后地理事业明显发展，具有悠久地理学传统的法国和德国大学地理教师数量增长了5—10倍。美国在20世纪80年代初有410所大学设有地理系，150所大学授硕士学位，48所大学授博士学位
- 中国在对待中国区域发展不平衡性问题上，20世纪80年代初出现一股强大的战略大转移的思潮。"大转移战略"有"梯度推移战略""超越战略""两边夹击战略""中间突破，东西结合战略""一个半发展战略"（东部是重点，西部是半个重点）"均衡论（主张各地带各地区均衡发展）战略"。召开了几次关于西部发展问题的讨论会，规模超大，有诸多高层的管理人员与顶级学者出席，会上讨论非常激烈。
- 人文社会科学空间转向明显出现。深远影响地理学和地理学家。
- 中国科学院地理研究所（后更名为中国科学院地理科学与资源研究所）主持完成中国的国家扶贫开发规划，编制完成中国的贫困地区类型及开发方案。该方案的主要内容得到国家采纳和批准实施，直接支持了中国"国家八七扶贫攻坚计划"。
- 中国科学院、科技部、国家自然科学基金委、国土资源部、教育部、水利部、中国气象局、中国工地震局、国家海洋局、环境保护部、国家测绘局等单位从20世纪80年代末分别提出了不同层次、不同学科的有关地球科学发展战略研究的报告、指南、规划或计划。
- 中国制定了中国1∶100万土地类型图分类系统与制图规范。
- 中国开展县级农业区划工作。

- 中国开展的县级农业区划工作中广泛使用物候学方法。
- 中国杨吾扬在《中国大百科全书》第一版《地理学》卷等关于交通地理部分编纂过程中，组织全国交通地理工作者，对交通地理学的若干基本理论问题开展系统研究。

## 第四节　地理学年表：公元1990—1999年

### 公元1990年

- 中国时任国家主席江泽民视察"一河两江"中部流域地区。1988年西藏自治区政府委托中国科学院青藏高原综合考察队编制《西藏自治区"一河两江"中部流域地区资源开发和经济发展规划》。
- 《中国大百科全书》（纸质）第一版《地理学》卷出版。顾问胡焕庸，主编林超，副主编任美锷、李旭旦、吴传钧，编委王乃梁、王成祖、王恩涌、丘宝剑、包浩生、朱震达、刘昌明、李春芬、宋家泰、张兰生、陈吉余、陈传康、陈述彭、周立三、周廷儒、赵松乔、侯仁之、施雅风、席承藩、黄秉维、曹婉如、梁溥、曾世英、廖克、谭其骧等，未担任该卷主编、副主编和编委的有关分支的主编或副主编或编委有景贵和、程国栋、李孝芳、陈昌笃、武吉华、郑作新、张荣祖、章申、谭见安、史念海、朱士嘉、郭来喜、鲍觉民、杨吾扬、胡序威、邓静中、李文彦、张国伍、王煕桱等。全书包括地理学、条目、地理学大事年表、汉字笔画索引、外文索引。其中，条目包括地理学（概述）、综论、地理学发展史、自然地理学、人文地理学、历史地理学、区域地理学、地图学、地名学、方志学。
- 《中国大百科全书》（纸质）第一版《世界地理》卷出版。该书编委会主任李春芬，副主任鲍觉民、张景哲、张同铸、陆淑芬，委员王桯煦、刘德生、严重敏、陈桥驿、钱今昔、曾尊固、满颖之、张国华、徐成龙。蒋长瑜、孟春舫、汤建中、丁登山等为有关分支主编、副主编和成员。全书包括世界地理（概述）、条目、汉字笔画索引、外文索引、内容索引。世界地理（概述）由李春芬和蒋长瑜撰写。条目主要包括亚洲、欧洲、非洲、大洋洲、北美洲、拉丁美洲、南美洲、南极洲、太平洋、大西洋、印度洋、北冰洋、彩色插页等。在每一洲中主要包括山地、高原台地平原、河流湖泊、半岛、岛屿、其他、国家地区和城市等项。

·中国林超、杨吾扬发表"地理学"。提出和阐述研究人与地理环境关系的学科即地理学，地球表面的概念及其特征，地理学具有综合性、区域性、动态性和方法的多样性等研究特点，给出了综合性的地理学体系，将地理学史划分为古代地理学、近代地理学和现代地理学三个时期。

·联合国开发计划署（UNDP）发布《人类发展报告》。提出和使用"人类发展"概念。

·国际地理联合会亚太区域地理大会在中国北京召开。

·加拿大科灵顿大学建立地球信息科学中心。是地理信息科学创建与发展的重要活动之一。

·联合国政府间气候变化专门委员会（IPCC）发布《第一次评估报告》。该报告确认了对有关气候变化问题的科学基础。它促使联合国大会做出制定《联合国气候变化框架公约（UNFCCC）》的决定。

·联合国开发计划署（UNDP）提出和使用"人类发展指数（HDI）"测度区域发展。该指数是根据阿玛蒂亚·森的发展观设计的指数。为地理分析工具。

·世界银行提出贫困线的经济标准即人均年消费支出 370 美元（按照 1985 年购买力平价）。之后成为地理特别是社会地理分析工具。

·联合国环境规划署"政府间气候变化委员会"发布第一份报告。

·"国际全球环境变化人文因素计划"提出。

·《自然》发表"气候系统的自然变率与温室效应的检测"。

·中国科学院地理研究所主持完成的《1∶100 万中国土地利用图》出版。主要完成人吴传钧、郭焕成等。

·中国王煦柽和王恩涌阐述文化扩散的类型与机制。

·中国科学院地理研究所《青藏高原地图集》出版。

·中国《1∶100 万中国土地利用图（集）》编辑委员会《1∶100 万中国土地利用图（集）》出版。主编吴传钧。

- 中国陈述彭等《陆地卫星影像中国地学分析图集》出版。
- 中国刘岳等《中国生活饮用水地图集》出版。
- 周有尚主编《中国人口主要死因地图集》出版。
- 中国陆大道等《中国工业布局的理论与实践》出版。
- 中国科学院决定将"区域开发前期研究"作为特别支持领域之一。成立"中国科学院区域开发前期研究专家委员会"。孙鸿烈为主任。专家委员会办公室设在中国科学院自然资源综合考察委员会。
- 《中国大百科全书》（纸质）第一版《地理学》卷中收入的中国古代地理学家有张骞、裴秀、法显、郦道元、玄奘、杜环、窦叔蒙、李吉甫、沈括、范成大、黄裳、赵汝适、耶律楚材、都实、朱思本、汪大渊、郑和、罗洪先、徐霞客、顾炎武、孙兰、顾祖禹、刘献庭、图里琛、郁永和、齐召南、李兆和、徐松、魏源、何秋涛、杨守敬等。
- 《中国大百科全书》（纸质）第一版《地理学》卷中收入的中国近现代地理学家有邹代均、张相文、翁文灏、竺可桢、王庸、张其昀、胡焕庸、周廷儒、林超、周立三、谭其骧、李旭旦、侯仁之、李春芬、黄秉维、任美锷、吴传钧、施雅风、陈述彭。
- 中国钱学森在《人民日报》上发表文章，论述地理学的性质和价值，指出"要从整体上考虑并解决问题"，"地理学不完全是自然科学，地理学是自然科学和社会科学的结合"。
- 中国地理学会人文地理专业委员会在江苏教育出版社支持下编纂的"人文地理学丛书"开始陆续出版。该丛书编委会主编吴传钧，副主编张文奎、王恩涌、郭来喜、金其铭，编委包浩生、崔功豪、罗辑、褚庆林，秘书董新。之后陆续出版《人文地理学》《国土开发整治与规划》《城市地理学》《政治地理学》《人地关系论》《区位论》《土地资源学》《文化地理学》《人文地理学导论》《自然资源学导论》《人口地理学》等。
- 中国吴传钧、侯锋《国土开发整治与规划》出版。为吴传钧主编，张文奎、王恩涌、郭来喜、金其铭副主编的"人文地理学丛书"中的一卷。

- 苏联《历史时期的种族地理》出版。
- 中国陈述彭、赵英时《遥感地学分析》出版。该书包括遥感信息的地学评价、遥感与区域综合分析、遥感与地学宏观研究、遥感地学分析的比较研究、
- 中国陈传康提出和阐述"地域结构对应变换分析"概念和理论。
- 中国杨勤业阐述黄土高原不同时期自然地带空间秩序及其变化。蕴含地理研究范式的空间秩序维度和时间序列维度思想。
- 法国设立国际地理节（International Geography Festival，IGF）。其目的在于促进地理科学研究和地理科学知识普及的进展。每年在法国东北部城市圣迪耶举行。地理学家们一直苦于没有充分的机会让大众了解他们的思想和工作，圣迪耶市力图弥补这个缺陷。
- 中国颁布实施《中华人民共和国城市规划法》。魏心镇、周一星、胡序威等之前在区域城镇体系规划等方面提供建议。区域城镇体系规划属中国首创。
- 中国召开第三次全国农业区划工作会议。
- 英国 D. W. 皮尔斯和 R. K. 特纳在其《自然资源与环境经济学》中正式提出和使用"自然资源"概念及其术语。之后 R. 克斯坦萨（1991年）、H. E. 戴利（1996年）、P. 霍肯（2008年）、P. 伊金斯（2008年）等不断发展自然资本概念和理论。成为地理分析工具。
- 中国李文彦《中国工业地理》出版。1995年英文版出版。
- 美国迈克尔·波特《国家竞争优势》出版。深远影响区域经济地理学。
- 意大利设立"艾托里·马约拉纳—伊利斯科学和平奖"。获奖人由世界科学家联合会选举产生。至2018年有29位诺贝尔奖获得者获得此奖。
- 中国科学院地理研究所开始执行博茨瓦纳城乡土地规划援外任务。
- 中国刘盛佳《地理学思想史》出版。该书将地理学划分为萌芽时期、初创时期、形成时期、发展时期。
- 中国科学院兰州文献中心《世界地学工具书》出版。

・中国科学院兰州文献中心和中国科学院地学情报网《中国科学院地球科学家名录》出版。

・中国谭其骧主编《中国历代地理学家评传》（共3卷）开始陆续出版。

・中国生态系统研究网络综合研究中心成立。

・英国环境变化研究网络（ECN）建立。开展长期生态定位研究。

・联合国政府间气候变化委员会发布第一次气候变化科学评估报告。迄今已发布第五次报告。第六次评估已经开始。

・美国《全球变化研究法案（1990）》通过。

・国际环境伦理学会（ISEE）成立。其会刊为《环境伦理学杂志》。深远影响地理学和地理学家。

・中国"天地生人学术讲座"成立。是一个主要由天文学、地学、生物学、人文社会科学等诸多方面的学者自发组成的民间性质的、全开放的、纯公益的多学科学术交流平台。

**公元1991年**

・中国吴传钧在《经济地理》上发表"论地理学研究核心——人地关系地域系统"。明确提出和系统阐述地理科学研究核心是人地关系地域系统，并阐述人地关系地域系统的研究范式。成为影响中国地理学发展的重要概念和思想理论。

・中国地理学会在北京召开第六次会员大会。选举施雅风、张兰生、陈述彭、吴传钧为中国地理学会理事长。

・中国钱学森9月28日致信中国地理学会理事长黄秉维。提出自然地理学家与解决地理学家的交叉协作问题。

・中国钱学森2月20日、5月22日、5月29日、6月1日分别致信中国地理学会秘书长瞿宁淑。讨论、建议中国地理学和中国地理学会发展有关事宜。

・中国吴传钧当选中国科学院院士。

・中国孙鸿烈当选中国科学院院士。

- 中国安芷生当选中国科学院院士。
- 中国朱显谟当选中国科学院院士。
- 中国赵其国当选中国科学院院士。
- 中国李吉均当选中国科学院院士。
- 中国地理学会"地理科学"讲座讨论会召开。
- 中国钱学森在中国地理学会"地理科学"讲座讨论会上发表讲话"谈地理科学的内容及研究方法"。后在《地理学报》发表。
- 中国佘之祥、董雅文、沈道齐在《地球科学进展》发表论文"地球表层的人地系统及其调控"。提出和阐述地球表层中人地系统是研究的核心。
- 美国S. C. 艾肯特发表"当代知觉与行为地理学中的人与环境伦理——个性、态度和空间选择理论"。
- 中国地理学会设立"全国青年地理科技奖"。至2018年共表彰138人。
- 《全球变化：地理学的一种方法》出版。为美国和苏联地理学术交流的成果之一。
- 美国邓巴·加里《现代地理学：全面的介绍》出版。
- 中国曹廷藩等《经济地理学原理》出版。
- 中国张文奎、刘继生、闫越《政治地理学》出版。为吴传钧任主编，张文奎、王恩涌、郭来喜、金其铭任副主编的"人文地理学丛书"中的一卷。提出政治地理学研究世界政治事件的区域分布、联系和差异形成规律，以及政治地区形成与地理环境的关系，并预测其发展变化的趋势。
- 中国国家气象局编制《三大洋气候图集》（共4卷）。
- 中国徐钦琦《天文气候学》出版。
- 国际生物多样性计划（DIVERSITAS）设立。由国际生物科学联合会、环境问题科学委员会和联合国教科文组织发起。该计划包括生物编目与计划、生物发现、生态服务、保护与可持续发展4个方面。生物多样性计划中国委员会（CNC-DIVERSITAS）于2004年成立。

- 美国提出"信息社会"概念。
- 美国调整经济统计核算方法，开始关注国内生产总值。
- 中国国家重大关键基础"攀登"计划开始施行。之后，地理学作为主要学科之一的地学类研究进入该计划。
- 国际地理联合会成立"IGU 气候变化区域水文响应研究组"。刘昌明任组长。秘书处设在中国。
- 中国科学院"区域开发前期研究"第一期安排多个项目。
- 中国《黄土高原地区自然环境及其演变》出版。之后陆续出版《黄土高原地区土壤侵蚀特征及其治理》《黄土高原地区北部风沙区土地沙漠化综合治理》等 38 部黄土高原科学考察报告系列。
- 中国周立三阐述农业地理学。农业地理学就是以生态环境条件与社会经济发展的综合观点，探讨农业生产在不同类型区域或地带的布局现状、生产结构及其分布规律。
- 中国杨勤业等系统阐述黄土高原自然地域分异规律。发展了自然地域分异理论和对自然地理环境分异性的认识。
- 中国提出和发表《中国土壤系统分类（首次方案）》。之后不断完善，1995 年《中国土壤系统分类（修订方案）》出版。
- 中国开始设立国家理科基础研究与教学人才培养基地。至 2020 年北京大学、兰州大学、北京师范大学、华东师范大学、南京大学、武汉大学、福建师范大学等设立地理学国家理科基础研究与教学人才培养基地。
- 中国地理学会举行"自然地理学与建设地理学"学术研讨会。
- 中国陈传康提出和阐述建设地理学主要研究区域综合开发与发展战略。
- 以中国科学院地理研究所为主组建的中国援助博茨瓦纳土地测量与规划专家队在博茨瓦纳开始工作。
- 《中华人民共和国国家农业地图集》作为主要成果之一获国家科技进步奖二等奖。
- 美国彼得·古尔德完成"艾滋病预测地图"及其扩散研究。

・中国肖笃宁《景观生态学的理论、方法及应用》出版。

・中国科学院地理研究所左大康主编《现代地理学的理论与实践》系列学术著作开始陆续出版。

・中国左大康等《地球表面辐射平衡研究》出版。为《现代地理学的理论与实践》中的一卷。

・美国 B. 霍尔和 M. L. 凯尔在《1991—1992 绿色指数——对各州环境质量的评价》中明确提出"绿色指数"概念及其术语以及测度绿色经济指标体系。

・美国保罗·克鲁格曼在《政治经济学杂志》发表"收益增长与经济地理"。之后出版《发展、地理学与经济理论》。是被称为"新经济地理学"学科的重要文献。

・中国王铮、丁金红、章可奇、沈建法、吴必虎发表"论现代地理学对象、内容、结构和基本方法"。提出地理学具有 PRED 性。

・苏联地理学会更名为俄罗斯地理学会。

・中国《地理新论》发表黄秉维"如何对待全球变暖——在没有把握的问题中寻求可以把握的东西"。

・开始设立瓦特林·路德国际地理学奖。瓦特林·路德又译为沃特兰·吕德。

・中国国务院批准全国农业区划委员会关于进一步加强农业区划工作的报告。地理学是支持主要学科之一。

・美国乔治·赫伯特·布什政府的教育方案中地理课程是核心课程。

・苏联解体成立陶宛、阿塞拜疆、格鲁吉亚、乌兹别克斯坦、吉尔吉斯斯坦、爱沙尼亚、塔吉克斯坦、拉脱维亚、亚美尼亚、乌克兰、土库曼斯坦、白俄罗斯、俄罗斯联邦、摩尔多瓦、哈萨克斯坦 15 个国家。深远影响世界地理格局和世界地理研究。

・"独立国家联合体"（CIS）成立。简称"独联体"。其成员国多有变化。深远影响世界地理格局和世界地理研究。

・南部非洲发展共同体成立。简称"南共体"。前身为 1980 年成立的南部非洲发展协调会议。深远影响世界地理格局。

**公元 1992 年**

·第 27 届国际地理大会在华盛顿举行。

·国际地理联合会环境变迁的地貌响应委员会（GERTEC）成立。前身是国际地理联合会地貌观测理论和应用委员会。

·联合国在巴西里约热内卢召开环境与发展会议。通过《关于环境与发展的里约热内卢宣言》。

·联合国在巴西里约热内卢召开环境与发展大会。通过《21 世纪议程》。是"世界范围内可持续发展行动计划"，它是至 21 世纪在全球范围内各国政府、联合国组织、发展机构、非政府组织和独立团体在人类活动对环境产生影响的各个方面的综合的行动蓝图。深远影响地理学和地理学家。

·联合国环境与发展大会给出荒漠化定义。荒漠化是"由气候变化和人类活动等各种因素造成的干旱、半干旱及干燥亚湿润地区的土地退化"的过程及结果。这一概念至今仍是指导各国开展荒漠化研究的基本概念。早期的荒漠化概念是指"沙漠扩展、沙丘入侵及干旱等导致的土地生产力退化"的过程和结果。新的荒漠化概念与以前的荒漠化概念有很大不同。

·俄罗斯成立俄罗斯基础研究基金会（RFBR）。资助与地理学有关的主要领域有地球科学、人类学和社会学。会刊为《俄罗斯基础研究基金会》。1994 年人文和社会科学部分单独成立俄罗斯人文科学基金会。

·中国吴传钧在义务教育地理教育改革研讨会上作报告"地理学的发展"。

·中国刘昌明阐述地理过程研究（即时间序列研究）。认为可以划分为不停时域（态）即现在的、过去的、未来的，现在过程的研究是认识过去的钥匙，地质时期和历史时期的过程的研究有助于对现代过程的认识，现在和过去的地理过程的研究则是预测未来的根据。

·中国刘昌明阐述自然地理系统耦合。包括简单耦合和多系统耦合。

·中国国家重大关键基础"攀登"计划列入"青藏高原形成演化、

环境变迁与生态系统研究"。中国孙鸿烈为首席科学家。1997 年该项目启动。

·中国郑度发现"中昆仑山南麓—北羌塘高原"为青藏高原寒冷干旱核心区域,并进行系统论证。在此前后中外多学科科学家们对亚洲寒冷干旱核心区域曾有多种猜测。

·中国郑度、杨勤业发表"干旱河谷类型及形成原因的探讨"。

·国际地理联合会发布《地理教育国际宪章》。宪章规定地理教育内容包括基本态度和价值观念、知识、技能三个维度。1993 年中文版首发于《地理学报》。后又发布《2016 地理教育国际宪章》。

·中国钱学森于 1 月 3 日、1 月 30 日、3 月 25 日、5 月 7 日、6 月 23 日、9 月 21 日、10 月 8 日、12 月 18 日分别致信中国地理学会秘书长瞿宁淑,讨论、建议中国地理学和中国地理学会发展有关事宜。

·中国"中国自然资源丛书"开始编纂,1995 年后陆续出版。国家计委国土司房维中任主任,刘江、孙鸿烈、方磊和沈龙海任副主任。共 42 卷,1500 万字。这是中国第一套自然资源巨著,包括地区卷、部门卷和综合卷三个部分。

·《美国和苏联城市地理学》出版。为美国和苏联地理学术交流的成果之一。

·《地理学的艺术和科学:苏联和美国地理学展望》出版。为美国和苏联地理学术交流的成果之一。

·中国李克让、张丕远主编的《中国气候变化及其响应》出版。

·中国姚士谋《城市群新论》出版。"城市群"概念逐渐为中国学术界广泛采用。

·中国崔功豪等著的《城市地理学》出版。为吴传钧主编,张文奎、王恩涌、郭来喜、金其铭副主编的"人文地理学丛书"中的一卷。该书包括城市与城市地理学、城市的形成和发展、城市化、城市空间布局、城市职能与城市分类、城市地域结构、城镇体系、城市生态环境、新城建设等。

·中国王会昌《中国文化地理》出版。

- 美国国家航空航天局（NASA）提出地球系统过程概念化模式。包括几千年至几百万年模式、几十年至几百年模式。
- 开始出现和使用"地理信息科学"概念及术语。
- 《自然》发表"构造运动对晚新生代气候的影响"。
- 《自然》发表"太阳活动周期长度、温室强迫与全球变暖"。
- 《自然》发表"太阳辐射照度周期性变化对全球变暖的意义"。
- 美国总统乔治·赫伯特·布什专门发布文件要求加强地理教育。
- 美国托马斯·威尔班克斯发表"地理学的挑战与机遇"。
- 中国牛文元《理论地理学》出版。
- 中国任美锷和包浩生主编的《中国自然区域及开发整治》出版。
- 中国任美锷和包浩生发表中国综合自然地理区划方案。该方案是他们1961年中国综合自然地理区划方案的调整和优化。将中国划分为8个自然区、30个自然亚区、71个自然小区。该方案高度重视非地带性自然地域分异因素的作用。
- 美国《地球系统科学百科全书》出版。
- 中国杨展、李希圣、黄伟雄主编的《地理学大辞典》出版。
- 中国刘伉《五种语言地理学词典（英汉法德俄对照）》出版。
- 英国N.利文斯通发表"地理学传统"。
- 联合国通过《联合国气候变化框架公约》。1994年开始生效。深远影响地理学和地理学家。
- 美国《地理学的内部世界：当代美国地理学中的普遍主题》出版。阐释了地理学是什么、地理学家做什么、地理学家如何思考和地理学家为什么这样思考等问题。
- 美国地理数据委员会开始研究地理信息标准。
- 美国罗兰·罗伯特阐述"全球化"概念。
- 加拿大W. E. 里斯提出"生态足迹"概念和定量方法，包括"生态占用"、生态承载力和生态盈亏等。之后其学生M. 威克内尔格进一步完善、推广。使用"生物生产面积（BPA）""生态生产面积（EPA）"等。

- 中国牛文元提出和阐述反映人类活动强度的指数。该指数主要包括反映自然情况的地理优势度、反映经济活动强度的区域开发度和反映社会发展的人文影响度三类指标。
- 中国海岸带和海涂资源综合调查完成。
- 中国科学院地理研究所陆大道等"中国沿海地区区域开发与21世纪可持续发展研究"，为"国家'十五'经济社会发展规划"编制提供科学根据。
- 中国七届全国人大五次会议经表决通过《关于兴建长江三峡工程决议》。
- 中国何培元等《庐山的第四纪冰期与环境》出版。坚持李四光庐山冰期观点。
- 法国保罗·克拉瓦尔在中国台湾师范大学地理系开设地理学思想史课程。1995年出版《地理学思想史》，后多次再版。
- 国际华人地理信息科学大会在美国法布罗市召开。事后成立国际华人地理信息科学协会（CPGIS）。在参加了美国华盛顿召开的第27届国际地理大会之后，华人地理学者齐聚美国法布罗，林珲牵头并与几位活跃的青年华人学者，组织了首届国际华人地理信息科学大会，陈述彭、徐冠华、郑度、张兰生、张国友、保继刚、王铮等出席。事后成立的国际华人地理信息科学协会（CPGIS），负责组织CPGIS系列年会至今。
- 俄罗斯开始举办全俄中学生地理奥林匹克竞赛。
- 中国开始设置国家级新区。上海浦东新区设置。至今已设置17个国家级新区。
- 大湄公河次区域经济合作（GMS）由亚洲开发银行发起成立。大湄公河次区域经济合作建立在平等、互信、互利的基础上，是一个发展中国家互利合作、联合自强的机制，也是一个通过加强经济联系，促进次区域经济社会发展的务实的机制。深远影响地区地理格局及其研究。
- 联合国通过《人文价值观世界宣言》。深远影响地理学和地理学家。
- 联合国通过《生物多样性公约》。深远影响地理学和地理学家。

・中国开始设立"国家图书奖"。包括国家图书奖荣誉奖、国家图书奖、国家图书奖提名奖。《中华人民共和国国家自然地图集》《中国历史地图集》"青藏高原研究丛书"《中国土壤（第二版）》《中华人民共和国农业地图集》等在不同届次获奖。

**公元1993年**

・时任中国国家主席江泽民参观中国科学院成果展"自然资源综合考察委员会展区"。

・美国副总统艾伯特·戈尔提出数字地球概念。之后，1998年明确提出和阐述并使用数字地球术语，2005年成为现实。

・《中国大百科全书》（纸质）第一版《中国地理》卷出版。黄秉维任编委会主任，王成祖、陈尔寿、罗来兴、单树模、赵松乔、程潞为副主任，丁锡祉、邓绶林、杨利普、张子桢、高泳源、梁溥、景才瑞为委员。除该书编委会主任、副主任和编委外，李润田、李桢、沈灿燊、魏清泉、冯绳武、汪一鸣等为各地区主编、副主编。全书包括中国地理（概述）、条目、汉字笔画索引、外文索引、内容索引等。其中条目主要包括总论、一级行政区和特别行政区、重要地名、主要山脉和山峰、其他著名山脉和山峰、山地丘陵火山、主要河流、其他重要河流、湖泉沼泽地热、峡谷、海峡海湾、岛屿半岛、高原盆地平原三角洲草原沙漠、关隘山口、水利工程、自然保护区、名胜古迹遗址、其他，附有彩色插页。

・"中国人文地理丛书"编委会成立。吴传钧为主编。

・中国程国栋当选中国科学院院士。

・中国章申当选中国科学院院士。

・中国"香山科学会议"开始创办。主要议题为基础研究和重大工程领域重大问题。地理科学是议题之一。

・中国国家地图集编纂委员会《中华人民共和国国家经济地图集》由地图出版社出版。英文版由牛津大学出版社出版。1996年完成电子版。1997年获国家科技进步奖三等奖。

- 美国国家研究院（NRC）建立"重新发现地理学委员会"。专门开展对美国地理学进行综合评估的工作。评估包括确定地理学学科的关键问题和制约条件、澄清教学与科研的优先次序、把地理学作为一门学科的发展同国家对地理学教育的需求联系起来、在科学界增加对地理学的认识、与国际科学界就该学科在美国的未来发展方向进行交流。
- 俄国 B. B. 道库恰耶夫《俄罗斯黑钙土》出版 100 周年。苏联召开了国际学术讨论会。
- 苏联 A. Π. 谢尔巴柯夫等沿着 B. B. 道库恰耶夫 100 余年前的考察俄国黑钙土的路线，又一次进行了大规模黑钙土的研究。
- 潘那约托发现和提出以及阐述环境库兹涅茨曲线（EKC）。表明自然环境质量与人均收入呈倒"U"形曲线关系。
- 中国正式使用国内生产总值 GDP 作为国民经济核算的核心指标。之后称为地理研究重要指标工具。
- 中国地理学界 9 位院士上书国家教委，要求在高考中恢复地理考试。
- 中国地学界黄秉维、吴传钧等 32 位院士和中国地理学会全体理事联名致函全国各省、自治区和直辖市的省（区、市）委书记、省长（主席、市长），呼吁 1994 年各省高考文科类应考地理。
- 《中华人民共和国国家经济地图集》出版。《中华人民共和国国家经济地图集》是"中华人民共和国国家地图集系列"的重要组成部分。以地图的形式全面系统地反映中国经济和社会发展概貌，表达中国社会经济现象的空间分布和地区特征，直观和形象地表示国民经济各部门的规模水平、比例结构、发展速度和分布格局。这是中国第一部反映国家经济和社会发展总貌的地图集。该图集是国家图集中图幅最多、编制复杂和备受关注的一部大型制图作品。它汇集了 1985—1990 年国民经济领域大量资料，共有 265 幅地图，20 万字的文字说明，是一部展现中国现代化建设光辉成就的巨幅画卷，为各主管决策部门进行宏观决策、制定经济政策、编制长远规划、合理配置生产力等提供科学依据。
- 法国保罗·克拉瓦尔《区域地理学导论》出版。

・美国萨缪尔·亨廷顿《文明的冲突与世界秩序的重建》出版。之后 40 余种语言译本出版，首次中译本 1998 年出版。

・中国吴传钧、蔡清泉《中国海岸带土地利用》出版。为中国"全国海岸带和海涂资源调查"成果之一。

・美国萨缪尔·亨廷顿提出和阐述冷战后的世界文明（包括中国文明、日本文明、印度文明、伊斯兰文明、西方文明、东正教文明、拉丁美洲文明和非洲文明）及其重要作用，并预言，西方和中华文明及伊斯兰文明的冲突将构成世界秩序的主轴。

・中国周立三定义"地理区域"概念。认为地理区域是地球表层有边界的一个连续部分或地段。

・中国周立三主编《中国农业区划的理论与实践》出版。

・中国生物圈保护区网络成立。

・加拿大地理学家协会开始出版四卷本的加拿大地理著作《加拿大的冷环境》《加拿大城市社会地理变革》《加拿大和全球经济》《加拿大的地表气候》。

・中国包浩生、彭补拙《自然资源学导论》出版。为吴传钧任主编，张文奎、王恩涌、郭来喜、金其铭任副主编的"人文地理学丛书"中的一卷。该书包括绪论、气候资源、水资源、土地资源、生物资源、生物资源、海洋资源、矿产资源、能源资源等。

・国际长期生态系统研究网络（ILTER）在美国成立。是一个以研究长期生态学现象为主要目标的国际性学术组织。目前有约 50 个国家和地区加入。中国傅伯杰 2009 年开始担任主席。

・中国钱学森于 1 月 28 日、3 月 17 日、3 月 28 日、4 月 14 日、7 月 4 日、7 月 25 日、9 月 22 日、10 月 8 日、10 月 19 日分别致信中国地理学会秘书长瞿宁淑。讨论、建议中国地理学和中国地理学会发展有关事宜。

・中国发布中华人民共和国国家标准《自然保护区类型与级别划分原则（GB/T14529—93）》。

・中国科学院地理研究所（郑度主编）《自然地理综合研究——黄秉维学术思想探讨》出版。

·中国王正毅《现代政治地理学》出版。论述了政治区域、国家静态分析即空间形态和结构、国家动态分析即空间传统、国际组织、世界政治地图等。

·中国金其铭、杨山、杨雷《人地关系论》出版。为吴传钧任主编，张文奎、王恩涌、郭来喜、金其铭任副主编的"人文地理学丛书"中的一卷。该书包括地理学与人地关系论、人地关系研究史、地理环境决定论、人地相关论和文化景观论、适应论也二元论一以及协调论、人地关系的哲学透视、人地关系的系统、人地关系的联结等。

·爱尔兰安·布蒂默《地理学与人文精神》出版。2019年中国北京师范大学出版社出版中译本，为周尚意主编的《人文地理学译丛》中的一卷。

·中国韩渊丰、张治勋和赵汝植主编《区域地理理论与方法》出版。

·英国利兹大学地理学院成立计算地理中心。

·中国和日本签订中日亚洲季风机制研究合作协议。开始开展合作研究。

·欧洲联盟（EU）成立。简称欧盟。深远影响世界地理格局。

·中国刘澎野、蔡建霞主编《中国现代地理科学人物辞典》出版。

·"中国自然资源学会"由1980年成立的"中国自然资源研究会"1993年更为此名。

·联合国通过《波兹南学术自由宣言》。深远影响地理学和地理学家。

**公元1994年**

·中国钱学森等《论地理科学》出版。全面阐述地理科学有关基本问题。作者有钱学森、竺可桢、黄秉维、吴传钧、陈述彭、王恩涌、佘之祥、沈道齐等。

·中国黄秉维倡导研究"陆地表层系统科学"。在地球表层基础上明确提出地球陆地表层概念。

·中国全国人民代表大会环境与资源保护委员会成立。推进了资源环境保护的法制化进程。

· 中国开始施行"八七扶贫计划"。中国国务院制定《国家八七攻坚计划》，这是今后 7 年全国扶贫开发工作的纲领，也是国民经济和社会发展计划的重要组成部分。"八七"的含义是：对当时全国农村 8000 万贫困人口的温饱问题，力争用 7 年左右的时间（1994—2000 年）基本解决。

· 中国科学院地理研究所（后更名为中国科学院地理科学与资源研究所）

· 美国斯坦·奥本肖提出计算的人文地理学概念并使用该术语。

· 中国李德仁当选中国科学院院士。

· 美国 S. 夏平阐述定律及其提出者的社会背景问题。深远影响地理学哲学研究。

· 中国吴传钧、郭焕成等《中国土地利用》出版。

· 中国赵松乔《中国地理：环境、资源、人口和发展》（英文）在美国出版。为第一部中国人著的中国综合地理英文著作。

· 英国 R.J. 约翰斯顿《人文地理学词典（第三版）》出版。包括 700 个词条，其中 100 多个词条是第一次出现，有 45 位作者。2004 年中国出版柴彦威、唐晓峰等译校中译本。

· 美国 J.B. 哈利和美国 D. 沃德武德《世界地图史》出版。

· 中国杨文衡《世界地理学史》出版。为"自然科学史丛书"之一卷。全书包括上古时期地理知识的萌芽和积累、古代地理学的产生和发展、中世纪的地理学、近代地理学等章。在上古时期地理知识的萌芽和积累中阐述了上古时期的中国、埃及、腓尼基等地理知识。

· 中国刘继生、张文奎、张文忠《区位论》出版。为吴传钧任主编，张文奎、王恩涌、郭来喜、金其铭任副主编的"人文地理学丛书"中的一卷。该书包括区位理论的基本概念及其研究重要意义、区位论的产生与发展、杜能的农业区位论、韦伯的工业区位论、帕兰德的经济区位论、运输区位论、城市区位论、商业区位论、行为区位论等。

· 中国商务印书馆翻译出版苏联 B.A. 阿努钦《地理学的理论问题》。

· 中国通过和颁布《中国 21 世纪议程》。成为中国区域可持续发展及其研究总纲。1992 年开始编制。深远影响地理学和地理学家。

·中国成立"中国 21 世纪议程管理中心"。地理学为支持学科之一。

·美国国家地理学会《生活的地理：国家地理标准》出版。

·国际地理联合会在捷克布拉格召开区域会议。波兰与荷兰地理学组织提议举办地理奥林匹克竞赛。1996 年举行第一届。

·美国设计完成可视化虚拟实验室。

·《联合国防治荒漠化公约》给出荒漠化的新定义。

·中国防治荒漠化协调领导小组组织中国林业科学院等单位开始中国荒漠化普查工作。1996 年完成。

·中国黄淮海平原农业开发项目成果获第三世界科学组织网络年度农业奖。

·中国叶青超主编《黄河流域环境演变与水沙运行规律研究》出版。为中国左大康主持中国国家自然科学基金重点项目的成果之一。该项目成果 1995 年获中国科学院自然科学奖一等奖，为首次开展多学科综合研究。

·美国国家地理学会等《生活的地理：国家地理标准》出版。

·美国国会通过《2000 年目标：美国教育法》。地理学为美国学校教育核心课程。

·《自然》发表"青藏高原的褶皱作用：来自重力和地形资料的证据"。

·中国工程院成立。截至 2019 年，有 6 位中国地理学家当选中国工程院院士。

·国际欧亚科学院（IEAS）成立。其组织结构主要由两大部分组成：一是按科学领域组成科学学部；二是按国家或大的区域范围建立科学中心。目前共划分 14 个学部，即（1）航空航天方法与地球遥感技术学部；（2）生态问题与环境评价学部；（3）研究地球的地学、生物、水域和大气层的航空航天与地面资料综合判读学部；（4）自然灾害现象与危险的技术过程预测预报学部；（5）地球信息科学和地理信息系统学部；（6）全球和局部地区通信系统科技问题学部；（7）预防医学、医学地理学、流行病学、病源生态学、微生物学、免疫学和卫生学学部；（8）经济地理学、国际经济联系和商业往来学部；（9）人口学、人种学、考古学和历史学学部；（10）文化学学部；（11）各国人民宗教联系学部；（12）地理政治和国际法学部；（13）当今社会的社会经济发展的共同原则学部；（14）自然资源和能源开发与保护技术学部。目前在以下国家建立了国际欧亚科学院国家科学中心：奥地利、白俄罗斯、保加利亚、英国、德国、以色列、中国、波兰、俄罗斯、斯洛伐克、乌克兰、法国、捷克、南斯拉夫、日本。国际欧亚科学院拟建立六个区域科学中心：远东科学中心（东京），亚太科学中心（北京），近东科学中心（开罗），独联体科学中心（莫斯科），南欧科学中心（巴黎），北欧科学中心（德累斯顿）。多位地理学家当选该院院士，其中，中国有张镜湖、李文华、廖克、陈述彭、章申、何建邦、刘燕华、彭公炳、周成虎、毛汉英、钟耳顺、方创琳等。

·俄罗斯成立俄罗斯人文科学基金会。从1992年成立的俄罗斯基础研究基金会独立出来。会刊为《俄罗斯人文科学基金会》。2016年并入俄罗斯基础研究基金会，会刊更名为《俄罗斯基础研究基金会：人文与社会科学》。

·中国地理信息系统协会（CAGIS）成立大会在北京召开。陈述彭、孙鸿烈、李德仁、史培军等分别任顾问、副会长和常务理事。

·中国开始设立国家杰出青年基金项目。截至2018年，累计资助3988个项目。其中，地学部421项，其依托单位85个。

·中国科学院寒区旱区环境与工程研究所姚檀栋获国家杰出青年基金项目资助。

·中国颁布《中华人民共和国自然保护区条例》。

**公元1995年**

·中国地理学会在北京召开第七次会员代表大会。选举吴传钧为中国地理学会理事长。

·英国皇家地理学会和英国地理学家协会于1995年合并，仍称英国皇家地理学会。

・联合国在德国柏林召开气候变化大会。会议通过了《柏林授权书》等文件，提出发达国家应减少温室气体排放，决定将联合国《气候变化框架公约》的办事机构常设秘书处设在德国波恩。

・中国"国家地图编纂委员会"《中华人民共和国国家普通地图集》由地图出版社出版。为《中华人民共和国国家地图集》首卷，也是编制其他各分卷的基础。曾世英指导，喻沧主编，一百余位人员承担。该图集全面显示了中国自然地理面貌，详细地表现与工农业生产和人民生息密切相关的水文、地势、居民地、交通、政区、土质、植被等基本要素的分布，是全面了解国情、规划部署生产、进行国土开发利用和地学研究等的重要基础资料之一。其内容包括序图组（18幅主题图和20个统计图表）、区域图组（地图20幅）、省区图组（9个典型地区扩大图和108个主要城市图）和地名索引（40000多条）。该图集是一部集科学性、实用性、艺术性为一体的综合图集，是了解中国必不可少的参考资料之一。

・中国国家自然科学基金委员会组织编写的《地理科学》出版。吴传钧为组长，郑度为副组长，王恩涌、刘昌明、李文彦、李德美、吴祥定、胡序威、赵济、郭廷彬、章申为组员。为自然科学学科发展战略调研报告之一。为地理学基础理论和学科战略著作。该书包括前言、摘要、绪论、地理科学的发展历程与特点、中国地理学近期发展战略的构想、中国地理学近期发展战略重点领域、实施发展战略的基本措施与建议指导等部分。

・中国国家自然科学基金委员会《地理科学》明确提出和系统阐述人地关系地域系统是地理学的研究核心，也是地理学理论研究的一项长期任务。

・中国国家自然科学基金委员会《地理科学》明确提出和系统阐述地理学的区域学派、景观学派、生态学派、区位学派、数量学派等。

・中国《自然辩证法百科全书》出版。包括地理学哲学。

・中国刘昌明当选中国科学院院士。

・中国石玉林当选中国工程院院士。

- 中国地理学（家）提出和阐述地理学的"辩证综合"概念和思想。
- 荷兰国际航空航天摄影测量与地学学院将地图学系改为地球信息科学系。同期加拿大、俄罗斯、捷克、澳大利亚、日本等国家的有关大学将测量与地图学系或专业改名为地理信息科学系或专业。这些都是地理信息科学创建和发展的重要活动。
- 中国吴传钧和陈尔寿致信国务院主管教育工作副总理，呼吁在高考中恢复地理考试。
- 中国科学院区域可持续发展研究中心成立。地理学是主要支撑学科。孙鸿烈为主任。1998年更名为中国科学院可持续发展研究中心。
- 中国施雅风主编《中国气候与海平面变化及其趋势和影响》开始陆续出版。
- 中国陆大道《区域发展及其空间结构》出版。主要包括区域发展是当代世界重大的社会经济问题、国外区域发展研究的进展、我国区域开发与区域发展研究的进展、产业结构与区域发展、资源环境与区域发展、空间结构与区域发展、位置级差地租与城市土地利用的空间结构、点—轴渐进式扩散及点—轴空间结构系统、技术创新与空间结构等。
- 法国保罗·克拉瓦尔《地理学史》出版。
- 《中国土壤系统分类（修订方案）》出版。该方案根据11个诊断层、20个诊断表下层、2个其他诊断层、25个诊断特性等，划分出14个土纲、31个亚纲、74个土类、273个亚类。
- 中国王恩涌、李贵才、黄石鼎《文化地理学》出版。为吴传钧任主编，张文奎、王恩涌、郭来喜、金其铭任副主编的"人文地理学丛书"中的一卷。该书包括绪论、文化与文化地理学、世界上人口增长与迁移、农业与文化、工业交通与文化、语言、宗教地理、民间文化与流行文化、种族与民族地理、城市与文化、政治与文化等。
- 中国王恩涌、李贵才等《文化地理学导论》出版。为中国"人文地理学丛书"之一卷。
- 中国陈述彭、廖克和何建邦当选首批国际欧亚科学院院士。
- 《中国大百科全书》第二版编纂工作启动。2009年出版。

- 《中国自然资源百科全书》开始编纂。孙鸿烈任编委会主任，石玉林、赵士洞等任副主任。2000 年出版。
- 中国科学院地理研究所、中国科学院兰州冰川冻土所和中国科学院成都山地灾害与环境研究所《地理科学叙词表》出版。1987 年开始编纂。为地理科学基础工具书。
- 美国 R. 贝利《美国生态区域》出版。包括生态地理区划方面内容。
- 中国地理学会地图学与 GIS 专业委员会学术会议在西安举行。陈述彭提出要发展地理信息科学倡议。
- 中国科学引文数据库（CSCD）出版纸质版《中国科学引文索引》（CSCI）。2003 年推出网络版。成为地理学信息平台。
- 世界银行提出和使用国家财富或国家人均资本。成为地理分析工具。
- 中国可持续发展研究会由 1991 年成立的中国社会发展科学研究会更为此名。
- 中国李春芬发表"区域联系——区域地理学的近期前沿"。
- 中国胡兆量《经济地理学导论》出版。
- 中国陆卓明《世界经济地理结构》出版。作者从 1981 年发表"当代世界政治经济地理结构"后陆续发表多篇阐述经济地理结构方面论文。
- 中国杨勤业任主编、吴传钧任顾问的《地理博物馆》出版。
- 中国商务印书馆"中国自然地理丛书"开始陆续出版。包括《中国的地形》《中国的海洋》《中国的沼泽》《中国的草原》《中国的森林》《中国的湖泊》《中国的河流》《中国的自然保护区》《中国的土壤》《中国的气候及其极值》《中国的沙漠》等。
- 中国地理学家在《自然辩证法研究》上从人地关系角度提出和阐述"生态文明的地理科学基础"。
- 中国台湾胡欣和江小群《中国地理学史》在台北出版。
- 联合国政府间气候变化专门委员会（IPCC）发布《第二次评估报告》。为公约的《京都议定书》会议谈判作出了贡献。

·中国的国家气候中心成立。1994年中国国务院批准。

·中国开始第一次全国湿地资源调查。调查结果为：全国湿地类型有五大类、28个类型，湿地总面积3848.55万公顷（不包括水稻田湿地），其中，自然湿地共3620.05万公顷，占国土面积的3.77%。

·法国地理学会代表团访华。中国地理学会和法国地理学会建立合作联系。

·俄罗斯地理学会会长由俄罗斯国防部部长担任。

·世界贸易组织（WTO）成立。其前身是1947年确定的关税与贸易总协定。深远影响世界地理格局和世界地理研究。中国于2002年加入。

·中国《中国教育报》刊载国家教委考试中心一位副主任"为什么文科高考取消地理，理科高考取消生物"访谈。

·中国首都师范大学储亚平、北京师范大学邬翊光、华东师范大学孙大文三位教授，北京王树生、天津吕佩兰两位中学特级教师，和人民教育出版社陈尔寿编审，联名致函《中国教育报》和国家教委领导，阐释高考取消地理的若干弊端。

·联合国通过《北京宣言》。深远影响地理研究。

·中国国务院《中华人民共和国国务院公报》创刊。

**公元1996年**

·第28届国际地理大会在荷兰海牙举行。

·国际地理联合会"乡村系统可持续性委员会（CSRS）"成立。前身为1992—1996年运行的乡村系统可持续性研究组。该委员会以世界不同地区发展和应用一项具有国际可比性的乡村系统可持续性的研究方案为基本任务。中国佘之祥、蔡运龙、龙花楼等在不同时期任该委员会执行委员。

·国际全球变化人文研究计划（IHDP）启动。由国际社会理事会1990年发起的"人文因素计划"演变而来。

·"全球陆地观测系统（GTOS）"由四个联合国组织和一个国际科学社团即联合国粮农组织（FAO）、环境规划署（UNEP）、文教科组织

（UNESCO）、世界气象组织（WMO）和国际科学协会理事会（ICSU）共同创立。GTOS 所关注的涉及全球的五大问题为：土地质量的变化（覆盖、利用）、淡水资源的可利用性（有效性）、生物多样性减少、气候变化、污染与有毒物质。

· 《联合国防治荒漠化公约（UNCCD)》开始正式生效。

· 中国钱学森提出和阐述系统论是还原论和整体论的辩证统一观点。深远影响地理学和地理学家。

· 中国黄秉维发起和组织召开"香山'陆地系统科学与可持续发展研讨会'"。强调地球系统科学是区域可持续发展的科学基础，建议开展"中国陆地系统与区域可持续发展战略"研究。当年为期一年的预研究启动。1997 年正式列入中国科学院资源与生态环境研究重大项目，2000 年完成。

· 中国黄秉维提出和阐述人和自然的相互作用以及所采取的对策是陆地表层系统科学的全部工作中心的思想。

· 中国黄秉维阐述地理科学综合思维，包括认识综合、理论综合、方法综合和组织综合。

· 英国彼得·哈格特阐述要发展新的区域地理学。

· 《自然》发表"人类对大气温度结构影响的研究"。

· 美国 R. 贝勒提出"生态系统地理学"。

· 美国提出将地球系统科学列入教学计划。

· 法国国家科学中心完成《面对世界的地理学家：国际地理联合会和国际地理学大会》。

· 中国科学院青藏高原综合考察队《横断山冰川》出版。李吉均主编。

· 中国张丕远《中国历史气候变化》出版。

· 中国赵焕庭主编的《南沙群岛自然地理》出版。

· 中国科学院地理研究所《中华人民共和国国家基金地图集（电子版)》出版。

· 中国全国自然科学名词审定委员会更名为全国科学技术名词审定

委员会。

·中国张小林、汤茂林、金其铭《人文地理学导论》出版。为中国"人文地理学丛书"之一卷。

·《中国土种志》开始出版。

·中国郑绵平《盐湖资源环境与全球变化》出版。提出青藏高原"泛湖期"。

·中国地理学会第七届理事会全体理事联名致函国家教委主任，呼吁早日在全国普通高校招生考试中恢复地理科目。

·中国全国人大30位代表和全国政协18位委员，分别致函全国人大和全国政协提出高考科目不宜取消地理科目的议案和提案。

·国际地理联合会授予中国黄秉维荣誉勋章。

·国际欧亚科学院中国科学中心（CSC IEAS）成立。国际欧亚科学院中国科学中心已建成地球信息科学、科技发展战略、可持续发展、城市科学、东方文化、经济、技术与工程、资源与能源、生命科学医学和农学、国际关系10个学部。

·中国《地球信息科学学报》创刊。原名《地球信息科学》，2009年更为现名。首任主编陈述彭。

·国际地理联合会举办第一届国际地理奥林匹克竞赛（IGEO）。国际地理奥林匹克竞赛的举办目标是激发年轻人对地理与环境学习的兴趣、积极讨论地理作为高中课程的重要性，并吸引年轻人注重地理技能、为各国青年接触沟通提供条件、增强国与国之间的了解。国际地理竞赛官方语言是英语，将会为非英语为母语的学生提供额外的帮助。IGEO竞赛包括主观笔试部分、现场问答和野外考察任务3个部分。

**公元1997年**

·美国国家研究院（NRC）地学、环境与资源委员会等《重新发现地理学——与科学和社会的新联系》出版。为地理学基础理论和学科战略著作。2002年出版中译本。

·中国黄秉维发表"新时期区划工作应当注意的几个问题"。提出和倡导开展综合考虑自然地理和人文地理的综合地理区划研究与工作。

·中国吴传钧为《重新发现地理学——与科学和社会的新联系》中译本撰写序言"我们更需要重新发现"。

·中国黄秉维提出中国的自然区划研究应该考虑和使用气候年概念。该概念是美国伯克利大学一位地理学教授在20世纪30年代提出的科学概念。这位教授认为真正影响植被分布的是气候因素在各年的具体情况，而不是多年的平均。

·中国童庆禧当选中国科学院院士。

·中国李文华当选中国科学院院士。

·美国国家研究院（NRC）地学、环境与资源委员会等《重新发现地理学——与科学和社会的新联系》提出和阐述地理研究维度：第一个维度包括地方综合、地方间的相互依赖、尺度间的相互依赖；第二个维度包括环境动态、环境/社会动态、人类/社会动态；第三个维度包括图像、语言、数学、认知等方法。

·美国苏珊·汉森等《改变世界的十大地理思想》出版。提出和阐述被某些学者认为的地域分异规律、区域要素综合、人地关系、人类干预的地球系统、地图方法、对地观测与地理信息技术、自然地理过程、空间结构是改变世界的十大地理思想。2009年中译本出版。

·中国吴传钧、刘建一、甘国辉《现代经济地理学》出版。为吴传钧任主编，张文奎、王恩涌、郭来喜、金其铭任副主编的"人文地理学丛书"中的一卷。该书包括变动中的经济地理学、经济地理学研究的基础、经济地理学的基本原理、社会主义生产布局原理探讨、交通运输与经济区位、区位理论、区域经济发展、国际经济的地理研究、经济地理学的研究方法等。

·中国吴传钧等明确提出和系统阐述"社会经济地域综合体及其理论"。

·中国军事百科全书编委会《中国军事百科全书》第一版出版。之后出版第二版。包括军事地理方面内容。

·美国贾雷德·戴蒙德《枪炮、病菌与钢铁：人类社会的命运》出版。从地理环境基础和人地关系角度等阐述文明历史。

·美国库克利斯提出和阐述传统的地理空间包括绝对空间和相对空间。绝对空间即笛卡尔空间，相对空间即莱布尼茨空间。

·联合国发布《京都议定书》。全称为《联合国气候变化框架公约京都议定书》，补充联合国《气候变化框架公约》有关条款。

·中国陈述彭等开始提出和研究"地学信息图谱"概念及理论。

·美国科学家阐述"生态系统服务"概念。

·《京都议定书》中提出和使用"碳汇"概念及其术语。碳汇包括森林碳汇、草地碳汇、耕地碳汇和海洋碳汇等。

·中国龚建华和陈述彭提出"虚拟地理环境"概念。

·联合国开发计划署首次发布《中国人类发展报告》。

·《中华人民共和国可持续发展国家报告》发布和出版。

·中国启动"国家重点基础研究发展计划"，简称"973"计划。1998年开始资助多项包括地理学在内的计划项目。

·中国成立"国家科学技术出版基金委员会"，其办公室在科技部，设立"国家科学技术学术著作出版基金"。至今已资助多部地理科学著作出版。

·中国国家重大关键基础"攀登"计划"青藏高原形成演化、环境变迁与生态系统研究"（中国孙鸿烈为首席科学家）启动。

·中国郑度、杨勤业等《自然地域系统研究》出版。为综合自然地理学理论著作，系统阐述综合自然地理学若干基本理论问题。为《现代地理学的理论与实践》中的一卷。该书包括绪论、自然地域分异规律、自然地域分异的能量和物质基础、自然地域的演变与排序、自然地域划分与合并、自然地域界线、自然地域单元的综合研究、新技术方法及其应用、研究实例评价等。

·中国郑度明确提出和系统阐述"自然综合体"及其研究的三个角度即过程、类型和区域。

·中国郑度明确提出和系统阐述自然综合体的区域研究即自然地域系统的研究范式。

- 中国郑度和杨勤业提出热量平衡随高度改变是垂直带性自然地域分异的原因。
- 中国国家自然科学基金委员会《全球变化——中国面临的机遇与挑战》出版。为地理学基础理论和学科战略著作。
- 国际地理联合会在葡萄牙里斯本召开区域会议。
- 中国开始进行三峡库区移民系统研究。地理学是主要学科之一。
- 中国科学院地理研究所陆大道等《中国区域发展报告》系列开始陆续出版。包括《1997中国区域发展报告》（陆大道和薛凤旋著）、《1999中国区域发展报告》（陆大道、刘毅、樊杰、薛凤旋、金凤君等著）、《2000中国区域发展报告》（陆大道、刘毅、樊杰、金凤君、刘卫东等著）、《2002中国区域发展报告》（陆大道、樊杰、刘毅、金凤君、陈田、刘卫东等著）、《2006中国区域发展报告》（陆大道、姚士谋、刘慧、高晓路、李国平、段进军等著）、《2007中国区域发展报告》（刘卫东、刘彦随、金凤君、陈田、于秀波、陆大道等著）、《2009中国区域发展报告》（刘卫东、刘毅、秦玉才、刘纪远、金凤君、陆大道等著）、《2011中国区域发展报告》（刘卫东、金凤君、刘彦随、刘慧、张文忠、陆大道等著）。
- 《中国古代地图集》（共3卷）开始陆续出版。
- 中国开展第一次全国农业普查。迄今已开展三次。
- 全球陆地观测网（GTOS）开始系统建立。
- 加拿大生态监测评估网（EMAN）开始建立。
- 联合国大陆架界限委员会（CLCS）成立。其工作及结果深远影响世界地理格局和世界地理研究。
- 中国社会科学院可持续发展研究中心成立。主要研究领域包括可持续发展经济学、全球环境变化与经济发展、可持续发展的区域和实证研究、城市问题研究。
- 中国北京召开"国际地球信息科学学术会议"。来自中国、美国、英国、法国、德国、加拿大、俄罗斯、日本、泰国、越南等国家与地区及国际组织200余位专家学者参会。

- 中国香山科学会议召开以地理信息科学为主题的香山科学会议。该会议对地理信息科学的概念、内涵、意义、理论、应用等进行深入研讨。
- 中国科学院生态环境研究中心傅伯杰获国家杰出青年基金项目资助。
- 中国成立地名委员会。
- 中国开始设置特别行政区。中国设置香港特别行政区。
- 德国经济核算从倾向国民生产总值 GNP 转向国内生产总值 GDP。

**公元 1998 年**
- 美国明确提出"数字地球"概念。美国副总统艾伯特·戈尔在美国洛杉矶加利福尼亚科学中心演讲"数字地球——认识 21 世纪的人类行星"中使用"数字地球"。
- 中国黄秉维发表"地理学与跨学科研究"。系统阐述"地理综合"。
- 中国地理学会以陈述彭牵头的专家学者联名向国务院学位委员会地学评议组申请地球信息科学博士专业。之后，国务院学位委员会批准地图学与地理信息系统博士专业。这是地理信息科学学科发展的重要活动。
- 中国吴传钧主编的《中国经济地理》出版。为"中国人文地理丛书"系列学术著作（吴传钧主编）之一卷。"中国人文地理丛书"系列学术著作已出版：《中国文化地理》（王恩涌、胡兆量、周尚意、赫维人、刘岩等编著）、《中国农业地理》（周立三主编）、《中国政治地理》（王恩涌主编）、《中国社区地理》（刘君德、靳润成、张俊芳编著）、《中国政区地理》（刘君德、靳润成、周克瑜编著）、《中国人口地理》（张善余著）、《中国边疆地理（海疆）》（张耀光编著）、《中国资源地理》（李润田主编）、《中国交通地理》（陈航主编、张文尝副主编）、《中国历史人文地理》（邹逸麟主编）、《中国民族地理》（潘玉君等著）。
- 中国郑度发表"关于地理学的区域性和地域分异研究"。
- 中国郑度主持（中国）国家重点基础研究规划项目"青藏高原形

成演化及其环境、资源效应"开始进行。该项目形成一批重要成果。该项目选择青藏高原为典型地区，特别注意高原与毗邻地区的联系，以从全球尺度探讨高原的各种过程，目标集中在大陆碰撞过程和高原隆升过程，以过程为主线贯通碰撞机制、环境变化和资源分布规律的研究；时间上着重新生代以来，在不同精细时间尺度上定量地描述碰撞和隆升的动态过程及环境变化。运用地球科学、生命科学、环境科学及各学科之间有机交叉、综合研究的方法，开展大陆碰撞动力学、环境变化、现代表生过程及各圈层相互作用等重大理论问题的研究，为青藏高原地区的资源开发和环境调控提供科学依据。按照统观全局、突出重点的原则，项目主要研究内容包括以下4个方面：大陆岩石圈碰撞过程及其成矿效应；高原隆升过程与东亚气候环境变化；青藏高原现代表生过程及相互作用机理；青藏高原区域系统相互作用的综合研究。在完成研究计划任务的基础上，项目取得如下的突出研究成果和创新性进展：印度大陆与欧亚大陆初始碰撞时限；青藏高原南北缘山盆岩石圈尺度的构造关系；青藏高原整合构造模型与成矿成藏评价；新生代高原北部重大的构造变形隆升事件序列；高原周边环境变化事件及高原隆升对亚洲季风发展变化的影响；高分辨率气候动态过程及变化趋势；高原主要生态系统碳过程对气候变化的响应；高原气候变化及冰冻圈变化与预测；高原土地覆被变化、恢复整治及管理。

·中国陈述彭主编《地球系统科学：中国进展·世纪展望》出版。多位院士为作者。

·中国傅伯杰提出和阐述中国生态区划问题。

·中国傅伯杰系统提出和阐述土地的"格局与过程相互作用及尺度效应"地理研究范式。

·中国吴绍洪发表"综合区划的初步设想：以柴达木盆地为例"。阐述综合地理区划若干问题。

·中国许靖华发表"太阳，气候，饥荒与民族大迁移"。

·《自然》发表"过去六个世纪全球尺度上的气温分布型与气候强迫"。

· 《自然》发表"未来使大气中 $CO_2$ 含量稳定的能源要求"。

· 《科学》上发表论文,阐述了人类活动对自然影响的事实。所用工具为全球人类活动影响指数图。

· "青藏高原国际科学研讨会——青藏高原形成演化、环境变迁与可持续发展"召开。

· 中国和瑞典合作出版的《AMBIO——人类环境杂志》中文版编辑部成立。李文华任中文版主编。

· 《中华人民共和国地名大辞典》(共5卷)开始出版。

· 中国钟敦伦、王成华、谢洪等《中国泥石流滑坡编目数据库与区域规律研究》出版。标志中国已完成中国滑坡泥石流编目工作。

· 中国王恩涌、王正毅、沈伟烈等《政治地理学——时空中的政治格局》出版。系统阐述了政治地理学的研究对象、学科性质、发展历史,国家的起源与发展,民族和民主主义,国家的空间特征,国家政治体制、区划、政党和选举地理,综合国力,国家的政治理论,帝国主义和殖民主义,地缘政治各家学说,20世纪以来的世界政治格局的变化与未来前景等。

· 中国王苏民、窦鸿身《中国湖泊志》出版。

· 中国毕思文《地球系统科学与可持续发展》出版。

· 中国森林生态系统定位研究网络(CFERN)开始建立。起步于1950年。目前 CFERN 已发展成为横跨30个纬度、代表不同气候带的由73个森林生态站组成的网络,基本覆盖了中国主要典型生态区,涵盖了中国从寒温带到热带、湿润地区到极端干旱地区的最为完整和连续的植被和土壤地理地带系列,形成了由北向南以热量驱动和由东向西以水分驱动的生态梯度的大型生态学研究网络。

· 美国哥伦比亚大学国际地球科学网络信息中心(CIESIN)建立。其前身为1989年在密歇根州建立的国际地球科学网络信息中心(CIE-SIN)。接受美国航空航天局资助。

· 国际通量观测研究网络(FLUXNET)建立。之后启动生物圈气息研究计划,建立全球通量数据库。中国通量观测研究网于2001年启动,

2002年创建。

·美国地理学家协会（AAG）开始设立"荣誉地理学家（HG）"奖项。

·中国陈述彭主编《地球系统科学：中国进展·世纪展望》出版。

·中国科学院新疆生态与地理研究所成立。由1965年成立的中国科学院新疆生物土壤沙漠研究所和1965年成立的中国科学院新疆地理研究所合并而成。

·政治地理学期刊《地缘政治》创刊。期刊内容涵盖了地缘政治学的核心议题，如批判地缘政治理论和实践；政策、制度和选举地理学；女性主义批判政治、地缘政治环境；空间、空间与制图学分析；主权和国家地理；和平与冲突研究；政治经济学和传统地缘政治学的交叉研究等。该刊是致力于当代地缘政治研究的国际性期刊，提供了一个可以从各种学科和方法论角度对地理与全球政治的交叉进行分析的学术平台，并欢迎能增进对全球政治的地理和多尺度动态的理解的理论、方法和方法论。

·中国教育部启动长江学者奖励计划。2012年启动新的长江学者奖励计划。至2021年多位地理工作者入选。

·中国开始出现和使用"人口红利"。

·中国季羡林主编《敦煌学大辞典》出版。包括区域地理。

·中国成立中国行政区划与地名学会。该学会由中国行政区划研究会和中国地名学会合并而成。

·中国林夏冰在《哲学研究》上发表"科学实验的新形势——计算机实验"。

·太平洋共同体（SPC）成立。前身为1947年成立的南太平洋委员会。深远影响世界地理格局及世界地理研究。

·耗散结构理论创建人伊利亚·普利高津提出和阐述我们需要一种更加辩证的自然观。深远影响地理学和地理学家。

·中国全国地学哲学委员会第七届学术年会召开。会议的主题是"地球科学与可持续发展"。

- "循证方法在社会科学中的发展"研讨会在英国伦敦大学召开。

**公元 1999 年**

- 中国地理学会在北京召开第八次会员代表大会暨庆祝中国地理学会成立 80 周年大会。选举陆大道为中国地理学会理事长。来自中国、法国、韩国的 300 余人参加大会。

- 中国科学技术协会举办的中国科协学术年会（第一届）在杭州召开。会议主题为面向 21 世纪的科技进步和经济、社会发展。中国地理学会参加。

- 中国国家地图集编纂委员会《中华人民共和国国家自然地图集》由地图出版社出版。是"中华人民共和国国家地图集"中的一卷。中国科学院地理研究所为主编单位，廖克任主编。由中国国家地图集编纂委员会（1958 年成立）主持，中国科学院地理研究所主编，全国 48 个单位参加，1960 年开始，于 1965 年出版了内部版的《中华人民共和国自然地图集》，并于 1999 年根据近 30 年的研究积累重编，由地图出版社出版。图集包括 580 多幅地图及大量图表、照片和 20 多万字的地图说明，包括序图、地质、地貌、气候、陆地水文、土壤、生物、海洋等图组。它贯彻了为经济建设，特别是为农业服务的指导思想；用一套自然区划图，阐述了中国自然地带的基本规律与区域特点；海洋图组，显示了中国海洋资源开发利用的广阔前景；利用中国的古文献和考古资料，展现了各个历史时期自然环境的变迁；较全面系统地反映了中国复杂的自然条件、丰富的自然资源，阐明了中国自然地理环境的特点及其各要素之间的相互联系，展示了利用与保护自然所取得的巨大成就。该图集的编制还采用了计算机设计与制版新技术与新工艺，对推动中国地图学技术革命也具有十分重要的意义。

- 第一届国际数字地球研讨会（ISDE）在中国北京召开。会议主题为走向数字地球。

- 中国黄秉维、郑度等《现代自然地理》出版。阐述"地理综合"，包括自然方面综合、社会经济方面综合、自然科学和社会科学综合。

- 美国地理学会授予中国侯仁之"乔治·戴维森勋章"。
- 中国郑度当选中国科学院院士。
- 中国高俊当选中国科学院院士。
- 中国徐冠华当选中国科学院院士。
- 美国 C. 莎特阐述区域地理学重要性。
- 《自然》发表"20 世纪近地表温度变化的原因"。
- 中国施雅风等在《科学通报》发表"距今 40—30Ka 青藏高原特强夏季风事件及其与岁差周期关系"。提出和阐述"青藏高原特强夏季风事件"。
- 中国正式开始建立系统的"国家野外科学观测研究站"及其网络。简称"国家野外站"。包括若干地理学方面国家野外站。
- 中国符淙斌、安芷生主持国家重点基础研究规划项目"我国生存环境演变和北方干旱化趋势预测研究"开始进行。2004 年完成。
- 中国刘昌明主持国家重点基础研究规划项目"黄河流域水资源演化规律与可再生性维持机理"开始进行。2004 年完成。
- 中国科学院可持续发展战略研究组开始出版《中国可持续发展战略报告》系列报告。不同年份主题不同。为中国科学院科学与社会系列报告之一。
- 中国郑度等发表"关于综合地理区划若干问题的探讨"。系统阐述地理综合体和综合地理区划若干问题。
- 中国周成虎阐述"地理元胞自动机"概念。
- 中国蔡运龙、蒙吉军发表"退化土地的生态重建：社会工程途径"
- 中国张荣祖《中国动物地理》出版。2004 年再版。
- 美国彼得·古尔德《成为一名地理学家》出版。阐述问题之一是地理学核心的缺失。
- 中国赵魁义主编的《中国沼泽志》出版。
- 中国国务院发布《全国土地总体规划纲要》。2008 年发布《全国土地利用总体规划纲要（2006—2020 年）》，2017 年发布《全国土地利用总体规划纲要（2016—2030 年）》。

- 中国地理学会《中国地理学 90 年发展回忆录》出版。吴传钧和施雅风任主编。
- 中国潘玉君在《光明日报》理论版发表"简论区域生态环境建设中的补偿问题"。
- 中国启动"退耕还林"工程。
- 中国颁布《中华人民共和国国家标准·旅游区（点）质量等级的划分与评定》《中华人民共和国国家标准·旅游资源分类、调查与评价》。地理学是主要支撑学科之一。
- 美国安德鲁·H. 诺尔和肖恩·B. 卡罗尔在《科学》发表"早期动物进化：基于比较生物学和地质学的新观点"。
- 中国科学院地理研究所与中国科学院自然资源综合考察委员会合并，改称中国科学院地理科学与资源研究所。
- 中国开始教育部重点实验室建设工作。之后，建立多个地理学类教育部重点实验室。
- 中国开始"教育部人文社会科学重点研究基地"建设工作。其中，超过50%的重点研究基地成为后来启动"985工程"国家哲学社会科学创新平台的核心和支撑。
- 中国教育部人文社会科学重点研究基地复旦大学历史地理研究中心成立。2005年，历史地理研究国家哲学社会科学创新基地正式挂牌。
- 中国张家诚《地理环境与中国古代科学思想》出版。
- 中国朱训阐述中国现代地学哲学的两个特点：第一，它自觉地围绕国家经济建设与社会发展这个中心来开展自己的活动；第二，它自觉地宣称马克思主义哲学是自己的研究指南，是自己的世界观与方法论。
- 中国科学院地理研究所与自然资源综合考察委员会合并，改称"中国科学院地理科学与资源研究所"。
- 全球气候观测系统（GCOS）开始系统建立。1992年有关科学家开始提出。
- 中国国家林业局参照《湿地公约》的湿地分类系统提出中国的湿地分类系统。

·国际可持续发展研究学会（ISDRS）成立。源于1994年发起的国际可持续发展研究年会。

·中国科学院开始编纂《中国科学院院士建议》。地理学院士提出很多有重要意义的建议。

·以中国科学家为主的"南海季风实验"开始筹备。

·中国兰州大学方小敏获国家杰出青年基金项目资助。

·中国设置澳门特别行政区。

·世界"20国集团"（G20）成立。深远影响世界地理格局。

·黑海经济合作组织（BSEC）成立。深远影响世界地理格局。

**20世纪期间**

·苏联 И. П. 格拉西莫夫在20世纪70年代提出和阐述地理学综合方向。

·苏联 И. П. 格拉西莫夫在20世纪80年代提出和阐述20世纪的生物圈转换为21世纪智能圈思想。

·苏联 С. В. 卡列斯尼克在20世纪中期提出和阐述自然地理学和经济地理学是既独立又相互联系的两个学科。

·美国芝加哥学派在20世纪20年代倡导从人类生态学角度考察经济和社会因素对城市的影响研究。

·20世纪80年代人地关系论中的地理环境协调论（也称地理环境适应论）因主张地理学的主要任务是研究如何协调自然地理环境与人类文化生活之间的关系而受到更为广泛的重视。之后，人地协调论、人地共生论、人地协调共生论和人地关系地域系统协调共生论等人地关系理论出现。

·苏联地理学界在20世纪80年代开始提出和使用"区域工业综合体"概念和理论，并运用于工业发展规划中。

·20世纪中叶至80年代地理环境决定论受到曲解、歪曲、否定和粗暴批判。

·数学学科发生公理化运动。势必深远影响地理学理论建设和学科建设。

# 第9章
# 地理学年表:公元21世纪

## 第一节 地理学年表:公元2000—2009年

**公元2000年**

· 中国开始施行"西部大开发战略"。西部大开发的范围包括重庆、四川、贵州、云南、西藏自治区、陕西、甘肃、青海、宁夏回族自治区、新疆维吾尔自治区、内蒙古自治区、广西壮族自治区12个省、自治区、直辖市,面积为685万平方公里,占全国的71.4%。

· 中国完成《全国基础研究"十五"计划和2010年远景规划》。把资源环境科学列为18个基础学科中的一个独立的科学领域。

· 中国国务院要求开展全国生态功能区划工作。国务院颁布了《全国生态环境保护纲要》,明确了生态保护的指导思想、目标和任务,要求开展全国生态功能区划工作,为经济社会持续、健康发展和环境保护提供科学支持。

· 《为了文化多样性的地理教育国际宣言》在第29届国际地理大会上发布。

· 美国悉尼·莱维图斯等在《科学》发表"全球大洋增暖"。

· 中国刘昌明在第29届国际地理大会当选国际地理联合会副主席。

· 中国正式启动"天然林保护工程"。工程范围包括云南省、四川省、重庆市、贵州省、湖南省、湖北省、江西省、山西省、陕西省、甘肃省、青海省、宁夏回族自治区、新疆维吾尔自治区(含生产建设兵团）、内蒙古自治区、吉林省、黑龙江省（含大兴安岭）、海南省、河南省共18个省（区、市）。

·中国吴传钧在中学地理教师优秀论文交流会上作题为"地理学是一门伟大的学问"的报告。

·中国李炳元在《地理学报》发表"青藏高原大湖期"。明确提出和阐述"青藏高原大湖期"。

·斯坦·奥本肖等《计算地学》出版。

·英国W.诺顿《文化地理学：主体、概念、分析》出版。

·中国孙鸿烈主编的《中国资源科学百科全书》出版。

·中国孙鸿烈主编的《中国资源科学百科全书》提出和阐述资源科学学科体系。

·中国唐锡仁、杨文衡《中国科学技术史》之《地学卷》出版。

·在世界气候研究计划（WCRP）下设冰冻圈计划。

·中国《地理知识》杂志更名为《中国国家地理》。2009年开始出版《中国国家地理》英文版。

·加拿大已有40多所大学设地理系。

·"计算地理学"术语由斯坦·奥本肖提出。

·荷兰保罗·克鲁岑（他于1995年获得诺贝尔化学奖）等在《全球变化通讯》发表论文中提出"人类世"（又称"人类纪"）术语。之后其他学者阐述其内涵，逐渐形成概念，有多种学报专门探讨人类世创刊。2004年中国刘东生开始响应。

·中国施雅风《中国冰川与环境》出版。

·中国郑度、张青松、吴绍洪等《山地生态与青藏高原可持续发展》（英文版）在德国出版。

·中国郑度、杨勤业《西藏地理（藏文版）》出版。

·国家自然科学基金委员会完成《全国基础研究"十五"计划和2015年远景规划》。

·中国科学技术协会举办的中国科协学术年会（第二届）在西安召开。会议主题为"西部大开发：科教先行与可持续发展"。中国地理学会参加。

- 美国宾夕法尼亚大学建立国际CampbeⅡ协作网。为关于循证实践在社会科学领域应用即循证社会科学的国际组织。循证社会科学将深远影响地理学特别是地理学方法论。
- 《中国社会科学引文索引》创办。成为地理学信息平台。
- 第29届国际地理大会在韩国汉城（现名首尔）举行。中国地理学会组织100多位中国地理学者参会。
- 中国南京大学成立国际地球系统科学研究所。
- 北极和北冰洋的大部分地区属于中立领土。之后开始变化。
- 中国科学院水利部成都山地灾害与环境研究所崔鹏、兰州大学冯兆东、南京大学顾朝林、浙江大学何振立等获国家杰出青年基金项目资助。

## 公元2001年

- 第二届国际数字地球研讨会（ISDE）在加拿大新布伦兹维克召开。会议主题为超越信息基础设施。
- 美国提出近地表环境"关键带"概念，至2009年已建立6个关键带观测站，并定义关键带：森林冠层顶部到未风化岩石基部之间的范围，是地球表层中最活跃的部分。
- 中国原国家环境保护总局会同有关部门组织开展了全国生态现状调查。在调查的基础上，中国科学院以甘肃省为试点开展了省级生态功能区划研究，并编制了《全国生态功能区划规程》。
- 中国郑度和陈述彭发表"地理学研究进展与前沿领域"。
- 中国傅伯杰等发表《中国生态区划方案》。这一研究始于20世纪90年代。该方案重视中国的生态环境敏感和脆弱区域。
- 中国李小文当选中国科学院院士。
- 中国王颖当选中国科学院院士。
- 中国孙九林当选中国工程院院士。
- 中国《2000年中国区域发展报告》出版。后陆续出版有关年度的

《中国区域发展报告》。

· 中国汪永进、美国 H. 成、美国 R. L. 爱德华等在《科学》发表"中国葫芦洞晚更新世绝对测年的高分辨率季风气候记录"。

· 《中华人民共和国国民经济和社会发展第十个五年计划纲要》正式将"城镇化"提高到国家发展战略地位。在《中华人民共和国国民经济和社会发展第七个五年计划纲要》中曾出现过"城市化"概念。深远影响地理学和地理学家。

· 地球系统科学联盟（ESSP）成立。也称地球系统科学伙伴组织。

· 中国科学院院长路甬祥把"地球系统整体行为的集成研究"列为 21 世纪科学家要面对的第九大挑战。

· 联合国环境规划署等启动"千年生态系统评估"项目。

· 著名期刊《科学》发表文章，提出一门正在孕育的科学——可持续发展科学。

· 地理学中的英语霸权开始受到批评。

· 中国《竺可桢全集》编委会成立。路甬祥为主任。得到国家自然科学基金委支持。

· 中国陈才《区域经济地理学》出版。系统阐述区域经济地理学基本原理（包括所创建的经济地域系统理论）。2009 年再版。

· 中国潘玉君《地理学基础》出版。吴传钧撰序。后多次印刷。收入"云南省百人百部"系列。

· 联合国通过《世界文化多样性宣言》《不同文明对话全球议程》。深远影响地理学和地理学家。

· 联合国政府间气候变化专门委员会（IPCC）发布《第三次评估报告》。包括三个工作组的有关"科学基础""影响、适应性和脆弱性"和"减缓"的报告，以及侧重于各种和政策有关的科学与技术问题的综合报告。

· 中国科学院地理科学与资源研究所启动"中国数字地貌研究"项目。

· 中国深圳大学教育部人文社会科学基地"中国特区经济研究中心"

获批。从 2006 年开始出版《中国经济特区发展报告》（蓝皮书），2016年起由斯普林格出版海外版。

·中国科学技术协会举办的中国科协学术年会（第三届）在长春召开。会议主题为"新世纪、新机遇、新挑战——知识创新和高新技术产业发展"。中国地理学会参加。

·上海合作组织成立。深远影响地区的地理格局。

·中国兰州大学陈发虎、中山大学闫小培、中国科学院大气物理研究所王会军等获国家杰出青年基金项目资助。

·中国地理学会开始设立"全国优秀中学地理教育工作者"奖。

**公元 2002 年**

·俄罗斯总统普京签署关于编纂出版《俄罗斯大百科全书》命令。

·中国全国科学技术名词审定委员会审定与公布《地理信息系统名词》（第一版）出版。编委会顾问陈述彭，主任徐冠华，副主任李德仁等，委员周成虎、叶嘉安、林珲、宫辉力等。

·中国《20 世纪中国学术大典·地理学》卷出版。吴传钧任主编，杨勤业、鲁奇任副主编。为中国地理学史学术著作，是《20 世纪中国学术大典》中的一卷。全书主要包括 20 世纪中国地理学研究、分类条目、中国地理学大事年表、条目索引。其中，分类条目主要包括自然地理学、人文地理学、区域地理学、历史地理学、地图、遥感和 GIS、地理科学考察、学术人物、学术名著名篇、学术机构团体、学术刊物。其中，学术人物包括杨守敬、邹代钧、张相文、翁文灏、竺可桢、顾颉刚、黄国璋、曾世英、王庸、张其昀、胡焕庸、吴尚时、周廷儒、林超、周立三、谭其骧、李旭旦、侯仁之、李春芬、史念海、黄秉维、任美锷、吴传钧、施雅风、陈述彭。

·中国国家科学技术名词审定委员会成立"资源科学技术名词审定委员会"。

·中国吴传钧、刘盛佳、杨勤业发表"20 世纪中国地理学研究"。主要包括外国近代地理学者对中国地理学研究的影响、张相文和竺可桢对发展中国地理学的贡献、1949年前促进中国地理学发展的代表人物、中国近代地理研究的主流、中国现代地理学两大支柱学科的发展、地理学基础理论的探索。

・中国吴传钧、刘盛佳、杨勤业提出和阐述中国地理学在地理学基础理论方面的探索与成就，主要包括地球表层学和地理科学、地球陆地系统科学与区域可持续发展战略研究、人地关系地域系统研究。

・中国郑度发表"21世纪人地关系研究前瞻"。

・中国吴传钧在《重新发现地理学》中文版序言中，阐述美国地理学在20世纪最后30年得到迅速发展，其影响正在远远扩展到其他的专业，地理学的理论和方法在纷繁的学科前沿得到重视和应用。

・中国国家环境保护总局会同国务院西部开发办公室联合下发了《关于开展生态功能区划工作的通知》，启动了西部12省、自治区、直辖市和新疆生产建设兵团的生态功能区划编制工作。

・中国沙万英、邵雪梅、黄玫在《中国科学（D辑）》发表"20世纪80年代以来中国的气候变暖对自然区域界线的影响"。

・中国杨建平、丁永建等在《地理学报》发表"近50年来中国干湿气候界线的10年际波动"。

・中国王涛主持的国家重点基础研究规划项目"中国北方沙漠化过程及其治理研究"开始进行。2005年完成。

・中国教育部开始进行"学科评估"。是教育部学位与研究生教育发展中心（简称学位中心）按照中华人民共和国教育部颁布的《学科目录》对具有博士学位和硕士学位授权点的一级学科进行整体水平的评估。至2017年完成了四轮学科评估工作。其中，第四轮学科评估于2016年4月启动。

・中国毕思文和许强在其《地球系统科学》中提出和阐述"人地系统动力学"。

・中国葛剑雄和华林甫发表"二十世纪的中国历史地理研究——回顾与展望"。

・中国葛剑雄和华林甫指出中国自20世纪60年代以来在历史研究中

不重视地理环境的作用，在社会经济发展中对于人地关系片面宣扬人定胜天意识。

·美国雷金纳德·格里奇发表"地理知识性质"。阐述了地理知识性质变化的历史和地理学应关注的问题。

·中国明确提出和阐述"全面小康"概念。成为地理学研究主题之一。

·中国正式全面启动"退耕还林"工程。为中国地理工程或地理建设的重要方面之一。

·中国国务院正式批复《南水北调总体规划》。为中国南水北调重大地理工程或地理建设规划之一。

·美国比利·李·特纳发表"身份之争：人类—环境地理学及其学术重建含义"。

·《中国少数民族分布图集》出版。2014 年《中国民族地理》（潘玉君等）完成一组以系统数据为支持的中国民族地图。

·《中华人民共和国气候图集》出版。

·《中国大百科全书·环境科学》修订版出版。

·中国秦大河等《中国西部环境演变评估》出版。

·中国毕思文和许强《地球系统科学》出版。

·英国自然环境委员会（NERC）提出地球系统科学研究计划"量化并理解地球系统"。2004 年发布该计划的科学计划和实施计划。

·中国时任国务院总理温家宝阐述"地球系统科学"。

·联合国粮农组织启动"全球重要农业文化遗产（GIAHS）"。

·中国国家自然科学基金委提出了 21 世纪初的地球科学战略重点，拟定了"以地球系统各圈层的相互作用为主线，从我国具有优势的前沿领域寻找主攻目标"的优先资助领域战略。

·国际地理联合会在南非德班举行区域会议。

·中国科学技术协会举办的中国科协学术年会（第四届）在成都召开。会议主题为"加入世贸组织和中国科技与可持续发展——挑战与机遇、责任与对策"。中国地理学会参加。

·欧洲地球科学联合会（EGU）成立。由欧洲地球物理学会和欧洲地球科学联盟合并而成。该会致力于促进地球及其环境、星球和空间科学的研究与合作，以造福人类。设立洪堡奖章和米兰科维奇奖等。

·英国凯文·孟席斯在英国皇家地理学会会议上公布他关于"郑和是环球航行第一人""美洲大陆和澳大利亚大陆都是中国人发现的""达·伽马、麦哲伦、哥伦布、库克等欧洲航海家及探险家所使用的海图都是中国人于1421—1423年所绘制的"等观点。

·非洲联盟（AU）成立。简称"非盟"。前身为1963年成立的非洲统一组织。深远影响世界地理格局和世界地理研究。

·中国科学院寒区旱区环境与工程研究所董治保、中国科学院地理科学与资源研究所周成虎等获国家杰出青年基金项目资助。

## 公元2003年

·中国胡锦涛提出和阐述科学发展观的科学内涵。

·国际地理联合会（IGU）成立应用地理学委员会。

·美国地理学家协会（AAG）年会专门成立一个分会讨论地理学第一定律（TFL）。出现否定派和完善修正派两个主要派别。

·中国开始了中东部地区生态功能区划的编制。

·中国陆大道当选中国科学院院士。

·中国秦大河当选中国科学院院士。

·中国叶嘉安当选中国科学院院士。

·美国特雷弗·巴恩斯从科学哲学角度分析世界的多样性和复杂性，提出了否定地理学第一定律（TFL）以及否定"地理学科学知识定律化"的观点。

·美国隋殿志、乔纳森·菲利普森等从康德和波普尔等哲学观念出发对地理学第一定律（TFL）给予支持并提出完善意见。

·美国乔纳森·菲利普森将地理学第一定律表述为两种形式。之后提出和阐述地理学第二定律。

·第三届国际数字地球研讨会（ISDE）在捷克布尔诺召开。会议主题为全球可持续的信息资源。

·美国特纳提出和阐述地理学传统：地方—空间研究传统，人类—环境研究传统，自然地理研究传统，地图科学研究传统。

·英国罗恩·约翰斯顿发表"空间中的秩序：作为'距离'学科的地理学"。

·中国何大明主持的国家重点基础研究规划项目"纵向岭谷区生态系统变化及西南跨境生态安全"开始进行。2008年完成。

·英国大卫·利文斯通《将科学置于地方：科学知识的地理》出版。

·中国商务印书馆开始陆续出版《当代地理科学译丛》。包括"大学教材系列"和"学术专著系列"。

·中国陆大道等著的《中国区域发展的理论与实践》出版。系统阐述区域发展的理论与方法以及中国区域发展等问题。

·中国黄秉维《关注人类家园——陆地系统与自然地理综合研究》出版。阐释地理学研究范式："地理学最基本的方法是在综合指导下分析，又在分析基础上综合"；"自然地理综合研究可以单独发挥一定作用，但只有与综合人文地理工作结合起来，才能发挥作用"。阐述地域系统思想：要照顾到地域与地域之间的联系。

·中国陈潮、陈洪玲主编，陈述彭作序的《中华人民共和国行政区划沿革地图集》由地图出版社出版。该图集介绍了1949—1999年50年来省、地、县三级行政区划的设置、变迁和现状，包括行政建制的设置和撤销、行政地名的更改、行政区域的调整、行政级别的升降、行政机构驻地迁移等。

·法国保罗·克拉瓦尔《地理学思想史》出版。之后多次再版。中文版也多次出版。该书系统阐述西方地理学从古希腊到现在的发展，主要包括绪论、古希腊时期的地理学、中世纪与近代初期的地理学、启蒙运动与地理学、科学的地理学兴起、国家学派时期、新地理学、最近演化出来的多样性、地理知识形式与制度关联、规范性空间思想与地理学史、全球化对地理学的挑战、地理学的前景等。

·中国孙喆《康雍乾时期舆地绘图与疆域形成研究》出版。

- 中国任美锷发表"地理学——大有发展前景的科学"。
- 中国李小文等提出地理"时空临近"概念。用"时空临近"替代"空间临近"。时空临近用时空临近度度量。发展了"地理学第一定律"。
- 英国首相布莱尔发表的《我们能源的未来：创建低碳社会》白皮书明确提出和使用"低碳经济"概念及其术语。
- 中国岳天祥主编的《资源环境数学模型手册》出版。
- 中国颁布国家标准《旅游资源分类、调查与评价》。
- 中国开展第一次全国经济普查。普查标准时间为 2004 年 12 月 31 日。
- 中国国家标准《旅游资源分类、调查与评价（GB/T18972—2003）》颁布，主要是由旅游地理学学者研制。
- 地图出版社主编、陈述彭作序的《中华人民共和国行政区划沿革地图集》出版。
- 中国葛全胜、赵名茶、郑景云等发表"中国陆地表层分区：对黄秉维陆地表层系统理论的学习与实践"。系统阐述地理综合体和综合地理区划等问题。
- 英国剑桥大学《剑桥科学史》第七卷《现代社会科学》出版。包括地理学。
- 中国刘东生获国家最高科学技术奖。
- 国际地理联合会应用地理学委员会《应用地理学：世界范围的展望》出版。
- 英国 R. J. 约翰斯顿等《英国地理学百年》出版。
- 美国《21 世纪之初的美国地理学》出版。阐述问题之一是地理学传统与创新。
- 中国杨勤业、郑度、王国振《西藏地理（法文版）》出版。
- 中国科技部启动"省部共建国家重点实验室培育基地"计划。后有包括地理科学在内的建设项目。
- 加里·盖勒等阐述"地理学是一门研究环境和社会的动力、社会和环境的交互作用的学科"。

・德国联邦政府教育与研究部和德国科学基金会（DFG）提出地球系统科学研究计划"地球工程学"。

・中国开始建立"地球系统科学数据共享平台"。

・美国参议院环境委员会举行听证会。听取全球气候变化有关观点。

・中国开始启动国家级和省级精品课程建设工作。之后地理科学专业类的多门课程成为国家级和省级精品课程。2012年转换为国家级和省级精品开放课程（包括精品资源共享课程和精品视频公开课程）。

・中国科学技术协会举办的中国科协学术年会（第五届）在沈阳召开。会议主题为"全年建设小康社会：中国科技工作者的历史使命"。中国地理学会参加。

**公元 2004 年**

・时任中共中央总书记胡锦涛强调指出，"开展全国生态区划和规划工作，增强各类生态系统对经济社会发展的服务功能"。

・第 30 届国际地理大会在英国格拉斯哥举行。

・美国乔纳森・菲利普斯提出地理学第二定律即包括空间依赖和距离衰减所导致地理事物聚集分散的空间异质性。

・中国 31 个省、自治区、直辖市和新疆生产建设兵团全部完成了生态功能区划编制工作。

・美国哈维・米勒阐述地理空间的自相似性和异质性。

・美国 M. F. 古德柴尔德发表"地理信息科学・地理学・形态和过程"。其中，界定不同空间的区别，特别阐述地理空间。

・中国孙鸿烈、郑度、陆大道等承担中国科学院咨询研究项目"全国功能区的划分及其发展的支持条件"。

・中国孙鸿烈、郑度、陆大道等明确提出和阐述"主体功能区"科学概念。后成为中国《全国主体功能区规划》的科学概念和科学思想的基础。

・中国刘昌明在第 30 届国际地理大会上连任国际地理联合会副主席。

- 中国地理学会设立"中国地理科学成就奖",表彰对地理学和中国地理有重要贡献的地理学家,并进行第一届评选与颁发。至 2019 年已评选与颁发 10 届,共表彰 60 余人。
- 中国任美锷发表"气候变化对全新世以来中国东部政治、经济和社会发展影响的初步研究"。
- 中国任美锷提出和论述"地理科学系统理论",阐明其与人地关系理论的不同。
- 中国孙鸿烈、张荣祖等《中国生态环境建设地带性原理与实践》出版。系统阐述"生态环境建设地带性"思想与原理。
- 中国郑度和姚檀栋等《青藏高原隆生与环境效应》出版。
- 中国杨勤业、郑度等《西藏地理(英文版)》出版。
- 中国地理学会和中国科学院地理科学与资源研究所《地理学发展方略和理论建设》出版。
- 中国陆大道提出中国现代地理学发展存在明显的社会驱动。蔡运龙 2004 年、樊杰 2016 年也阐述同样观点。属于地理学发展动力范畴。
- 中国蔡运龙、陆大道、周一星发表"地理科学的中国进展与国际态势"。
- 《美国科学院院刊》刊发"发展土地变化科学——挑战与方法论"。
- 美国 S. 帕卡拉和 R. 索科洛在《科学》发表"稳定楔:用现代技术解决未来 50 年的气候问题"。
- 中国刘东生发表"开展'人类世'环境研究,做新时代的开拓者"。
- 中国方精云、李克让和曹明奎等"中国陆地生态系统生产力和碳循环研究"获国家自然科学奖二等奖。
- 中国《2004—2010 年国家科技基础条件平台建设纲要》发布。其中包括地理科学平台建设。
- 美国长期生态研究网络(LTER)在美国国家基金会资助下建立。目的是建成一个将生态学、社会学等学科有机结合起来的高度综合的研究网络。

・国际地球信息科学与地理系统建模会议暨第五届北京国际地理信息系统会议在中国科学院地理科学与资源研究所举行。这是国际地球信息科学与地理系统建模委员会首次在中国召开会议。

・中国开始进行全国生物物种资源调查工作。

・中国成立生物多样性计划中国委员会（CNC-DIVERSITAS）。

・中国开始建立大型样地的森林生物多样性监测网络（CForBio）。

・中国华东师范大学"中国现代城市研究中心"获批为教育部人文社会科学重点研究基地。该中心成立于2003年。2016年入选中国智库索引（CTTI）来源智库。现任中心主任曾刚。

・中国河南大学"黄河文明与可持续发展研究中心"获批为中国教育部人文社会科学重点研究基地。该中心成立于2002年。

・美国国家科学院发表《促进跨学科研究》。阐述研究人员、研究机构、专业学会和资助机构如何促进跨学科研究。

・中国开始出版《竺可桢全集》（共24卷）。

・中国地质科学院水文地质环境地质研究所《中国地下水资源与环境图集》出版。

・中国科技部、国家计委、国家经贸委灾害综合研究组《中国重大自然灾害与社会图集》出版。

・南美国家共同体成立。简称"南共体"。2007年改称"南美国家联盟"，简称"南美联盟"。深远影响世界地理格局。

・中国科学技术协会举办的中国科协学术年会（第六届）召开。会议主题为"以人为本，协调发展"。中国地理学会参加。

・中国北京师范大学史培军、中国科学院地理科学与资源研究所曹明奎、南京大学杨修群等获国家杰出青年基金项目资助。

## 公元2005年

・中国国务院《关于落实科学发展观 加强环境保护的决定》再次要求"抓紧编制全国生态功能区划"。

· 联合国环境规划署等《千年生态系统评估综合报告》发布。

· 美国国家科学理事会发表《长期保存的数字数据集合：支持 21 世纪的研究与教育》。蕴含"第四范式"科学研究方法。

· 国际地球观测组织（GEO）成立。

· 中国科技部启动"科学数据共享工程"。该工程 2001 年开始试点。该工程的总体目标是：坚持资源公开与共用的方针，以基地建设的思路，构建结构合理的、面向全社会的、网络化的、智能化的科学数据管理与共享服务体系；完善共享政策、法规体系和管理体系的建设，建立健全共享机制；培养一批能适应社会信息化的高素质的科学数据共享管理、技术人才。使科学数据资源的积累与共享达到基本满足科技创新和国家发展的需求，提高国家科技创新能力和竞争力，最大限度地发挥国家投入的效益。成立领导小组、专家委员会、工作组、办公室等。孙九林院士为专家委员会委员、刘闯研究员为工作组专家。办公室设置在中国 21 世纪议程管理中心。

· 中国科学院汇总完成了《全国生态功能区划》初稿。中国科学院在全国各地区生态功能区划基础上，综合运用新中国成立以来自然区划、农业区划、气象区划，以及生态系统及其服务功能的研究成果，汇总完成了《全国生态功能区划》初稿。之后，原国家环境保护总局会同中国科学院先后召开了十余次专家分析论证会，对《全国生态功能区划》初稿进行了反复修改和完善。

· 俄罗斯建设俄罗斯科学引文数据库（RSCI）。2008 年开始全面使用。

· 中国水利部、中国科学院、中国工程院联合组织开展"中国水土流失与生态安全综合科学考察"。至 2008 年完成。这次系统考察的目的是为中国水土保持法的修订提供我国水土流失状况的基础资料。这次系统考察，还提出了多方面的被中国水土保持法修订采纳的直接建议。孙鸿烈参加。地理学直接为国家立法提供科学支持。

· 中国孙鸿烈明确提出和阐述"生态建设"概念及术语的科学性和通用性。生态建设的内涵包括修复、重建、建设等。

- 中国科学院地理科学与资源研究所设立自然资源学博士、硕士学位点。
- 中国唐守正阐述"生态环境"概念及其语境，进行纠正。
- 中国孙九林开始主持国家科技基础条件平台项目"地球系统科学数据共享网"。该平台2009年通过国家科技单位评估和验收，开始进入运行服务阶段。
- 中国姚檀栋主持的国家重点基础研究规划项目"青藏高原环境变化及其对全球变化的响应与适应对策"开始进行。2010年完成。
- 中国吴绍洪、刘卫东发表"陆地表层综合地域系统划分的探讨：以青藏高原为例"。系统阐述地理综合体和综合地理区划问题。
- 第四届国际数字地球研讨会（ISDE）在日本东京召开。会议主题为数字作为全球公产。
- 美国哈佛大学建立地理分析中心。为地理学等跨学科研究机构，体现和发挥地理学空间思维。之后耶鲁大学、普林斯顿大学等常青藤大学分别建立地理信息和遥感中心。
- 美国杰弗里·马丁《所有可能的世界：地理学思想史》出版。
- 美国杰弗里·马丁提出地理学是创新和传统的复合体。
- 国际地圈生物圈计划和全球变化人文因素计划联合推出"全球土地计划"。
- 中国孙鸿烈等著《中国生态系统》（上、下卷）出版。
- 中国陆大道受聘为国家"十一五"规划专家委员会委员。
- 中国地理学家周一星给中共中央政治局讲授中国城镇化问题。
- 中国的国家科技基础条件平台"国家生态系统观测研究网络"开始建立。
- 中国出版《中国古今地名大辞典》。1931年中国的商务印书馆曾出版《中国古今地名大辞典》。
- 中国叶笃正获中国国家最高科学技术奖。
- 中国傅伯杰、刘宝元、陈利顶、刘国彬、谢昆青"黄土丘陵沟壑区土地利用与土壤侵蚀"获中国国家自然科学二等奖。该成果紧密结合地理学的研究前沿和国家生态环境建设的重大需求,系统研究了土地利用对土壤水分、土壤养分和土壤侵蚀过程的影响。主要包括:(1)研究发现了黄土丘陵沟壑区土地利用与土壤水分时空变化规律及主要驱动因子;建立了黄土丘陵坡地土壤水分空间分布模型,为土壤水分空间分布预测提供了定量方法;揭示了土地利用与生态过程的相互作用机理,提出了黄土丘陵坡地和小流域土地合理利用模式;(2)建立了陡坡土壤侵蚀模型,解决了国际上通用的土壤侵蚀模型对陡坡侵蚀预报的不准确性问题,填补了国际上陡坡土壤侵蚀预报的空白;(3)将土地适宜性评价与生态过程相结合,发展了土地可持续利用评价的理论。创建了综合生态评价、经济评价和社会评价的集成方法,并已将此方法成功应用于黄土丘陵沟壑区的土地可持续利用评价与规划。该项研究将自然地理的描述和分类研究深化到过程研究,为自然地理综合研究作出了重要贡献,推动了我国景观生态学的发展。

・中国宋长青、冷疏影发表"当代地理学特征、发展趋势及中国地理学研究进展"。

・中国"土壤与农业可持续发展国家重点实验室"获批。依托单位为中国科学院南京土壤研究所。

・中国"遥感科学国家重点实验室"获批。依托单位为中国科学院遥感与数字地球研究所和北京师范大学。

・中国建立"国家科技基础条件平台'地球系统科学数据共享平台'"。其前身为 2003 年建立的"地球系统科学数据共享平台"。

・中国提出"两型社会"即"建设资源节约型、环境友好型社会"。2006 年获全国人大批准。

・美国詹姆斯・汉森等在《科学》上发表"地球能量不平衡:证实与含义"。

・联合国环境规划署等《千年生态系统评估综合报告》将湿地列为全球退化现象最为突出的生态系统。

・中国开始"国家综合配套改革试验区"工作。这类地区也称"新特区"。

· 中国国家生态系统网络（CNERN）开始举办以"传播新知识，交流新思想，展示新成果"为宗旨的"中国生态大讲堂（CEF）"。

· 美国众议院委托美国科学院提出关于气候变化情况的报告。次年美国国家研究委员会发表由 12 位科学家和统计学家完成的《两千年来表层温度再造》的报告。

· 中国国家测绘局应用 3S 及现代地球物理技术测量出珠穆朗玛峰海拔高度 8844.43 米。得到联合国教科文组织和世界各国承认。

· 中国郑度主编、杨勤业等为编委《彩图科技百科全书》之《地球》卷出版。为地理科学高级科普著作。

· 中国地理学会组编、陆大道主编《中国国家地理百科全书》（共 6 卷）出版。后多次印刷出版。为地理科学高级科普著作。

· 中国郑度、杨勤业、李栓科《多彩中国》出版。为地理科学高级科普著作。

· 中国科学技术协会举办的中国科协学术年会（第七届）在乌鲁木齐召开。会议主题为"科学发展观与资源环境可持续利用"。中国地理学会参加。

· 中国"全国地理学研究生联合会（GPUC）"成立。是由全国广大地理学研究生自愿组成的公益性、学术性的社会团体。简称"全国地研联"。2015 年创办电子期刊《地理学求索》。

· 中国中山大学黎夏、北京大学王学军等获国家杰出青年基金项目资助。

## 公元 2006 年

· 中国发布《中华人民共和国国民经济和社会发展第十一个五年规划纲要（2006—2010）》。将原来使用的"计划"术语更改为"规划"术语。深远影响中国地理格局和中国地理研究。

· 《中华人民共和国国民经济和社会发展第十一个五年规划纲要（2006—2010）》中使用"主体功能区""空间秩序""空间结构""区划"等科学概念。这些科学概念是地理科学中的基本概念。

• 《中华人民共和国国民经济和社会发展第十一个五年规划纲要（2006—2010）》提出编制主体功能区规划要求。

• 中国《国家中长期科学和技术发展规划纲要（2006—2020年)》实施。提出一系列需要地理学作出贡献的优先领域。

• 中国全国科学技术名词审订委员会审定与公布《生态学名词》出版。顾问刘建康、阳含熙、李文华、宋永昌、张新时、庞兄飞，主编王祖望，副主编孙儒泳、肖笃宁等，编委方精云、陈昌笃等。主要包括（生态学）总论、生理生态学、行为生态学、进化生态学、种群生态学、群落生态学、生态系统生态学、景观生态学、全球生态学、数学生态学、化学生态学、分子生态学、保护生态学、污染生态学、农业生态学、水域生态学、城市生态学、生态工程学、产业生态学以及英汉索引和汉英索引。

• 中国《全国生态功能区划》再次征求意见。中国科学院汇总并经过多次专家论证的《全国生态功能区划》再次征求国务院各有关部门和各省、自治区、直辖市的意见后，又进一步得到充实与完善。

• 数字地球峰会2006年在新西兰奥克兰召开。会议主题为全球可持续性的信息资源。

• 中国陆大道完成关于中国城镇化咨询报告《关于遏制冒进式城镇化和空间失控的建议》。次年经中国科学院院长直接报送国家领导人。

• 世界银行《东亚经济发展报告》提出"中等收入陷阱"概念。影响中国区域经济地理研究。

• 《中国土地资源图集》出版。

• 中国石玉林主编的《资源科学》出版。为中国工程院院士文库中的一卷。

• 中国石玉林提出和阐述资源分类体系。其中一级分类包括自然资源和社会资源。

• 中国颁布《国家中长期科学和技术发展规划纲要（2006—2020年)》。内含地理科学研究领域。

• 中国首次发布《气候变化国家评估报告》。2007年出版。

- 中国吴传钧在中国科学院《院士建议》中阐述"地理学要重视人地关系地域系统的基础理论研究"。
- 中国杨勤业、郑度和吴绍洪发表"关于中国的亚热带"。发展了自然地域分异的基本认识和基本理论以及中国自然地域分异格局认识。
- 中国成立"国家发展规划专家委员会"。地理学是主要支持学科之一。陆大道、樊杰、牛文元和杨开忠等开始受聘担任委员。其中，陆大道受聘"十一五""十二五"委员，樊杰受聘"十一五""十二五""十三五""十四五"委员。
- 中国刘丛强主持国家重点基础研究规划项目"西南喀斯特山地石漠化与适应性生态系统调控"开始进行。2010年完成。
- 中国地理学会的《中国地理学家及地理单位名录》出版。为研究地理学家著作。
- 中国周成虎主编《地貌学词典》出版。全书包括地貌通论、构造与岩石地貌、黄土地貌、喀斯特地貌、流水地貌、湖泊地貌、冰川冰缘地貌、干燥地貌、河口海岸地貌、重力地貌、地貌制图与数字地貌11个部分，附有学科分类目录和英文索引。
- 中国王静爱主编的《中国省市区地理》丛书启动。后陆续出版。
- 《科学》发表"跨人类社会的高成本惩罚"。作者包括约瑟夫·亨利希（美国）、理查德·麦克尔里思（美国）、阿比盖尔·巴尔（英国）、吉恩·恩斯明格（美国）、克拉克·巴雷特（美国）、亚历山大·博利亚纳茨（美国）、胡安·卡米洛·卡德纳斯（哥伦比亚）、迈克尔·古尔文（美国）、爱德温·吉瓦科（美国）、娜塔莉·亨利希（美国）、卡洛林·来斯罗格（美国）、弗兰克·马洛（美国）、大卫·特雷瑟（美国）、约翰·基格（美国）。
- 《科学》发表"制裁性制度的竞争优势"。作者为奥兹格·尤来克（德国）、伯恩·艾伦布施（英国）、贝蒂娜·罗肯巴赫（德国）。
- 中国地理学会组编、陆大道主编的《环球国家地理百科全书》（共6卷）出版。后多次重印。为高级地理科学科普著作。
- 中国地理学会发起创办"中日韩青年地理学家学术研讨会"，并在北京召开首次会议。

·国际地理联合会（IGU）在澳大利亚布里斯班召开区域会议。

·中国科学院城市环境研究所成立。

·美国艾伯特·戈尔（前副总统）主办的纪录片《难以忽视的真相》开始上映。警示全球变暖的后果，驳斥对全球变暖的怀疑。次年他获得2007年度诺贝尔和平奖。将全球变暖问题推向高潮。

·美国国家科学院研究理事会完成《学习空间思考》报告。提出和阐述空间学习问题，要实施和扩大重点培训教师的项目、对地理学观念和技术的资助、开发新的课程教材，创建有显著地理学成分的课程和学习方案，并跨课程地灌输地理学的思想方法。

·美国教育部资助项目"教师的现代地理学指南"，旨在将空间思维能力贯穿在数学、历史、自然科学等课程中。

·亚洲议会大会（APA）在伊朗德黑兰成立。由亚洲和太平洋地区的主权国家议会组成，拥有39个成员国，18个非成员国，前身为亚洲议会和平协会（AAPP）。宗旨是为亚洲和太平洋地区的各国议员提供一个相互交流、加强合作、增进友谊的论坛，促进本地区乃至世界的和平与发展。深远影响世界地理格局和世界地理研究。

·中国兰州大学等地理科学专业开始"发现计划"联合实习活动。

·中国兰州大学地理科学专业开始"两地高校"联合实习活动。

·中国"城市和区域生态国家重点实验室"获批。依托单位是中国科学院生态环境研究中心。

·中国科学技术协会举办的中国科协年会（第八届）在北京召开。中国科协学术年会更名为中国科协年会。会议主题为"提高全民科学素养，建设创新型国家"。中国地理学会参加。

·中国科学院地理科学与资源研究所葛全胜、中国科学院南京土壤研究所张甘霖等获国家杰出青年基金项目资助。

·中国设置天津滨海新区。

**公元 2007 年**

·中国明确提出"科学发展观"概念及其术语和理论。

·美国吉姆·格雷发表演讲"科学方法的一次革命"。在此前后阐述"第四范式"研究方法。深远影响地理学和地理学家。

·中国吴传钧提出"主体功能区规划的基础是主体功能区区划""主体功能区区划就是以综合自然地理区划、综合经济地理区划和综合人文地理区划为基础的综合地理区划"等重要地理学思想。

·中国全国科学技术名词审定委员会审定与公布《地理学名词》第二版出版。为全国科学技术名词审定委员会公布。编委会顾问黄秉维、孙鸿烈、任美锷、吴传钧、陈述彭、施雅风，主任郑度，副主任陆大道、刘继远、许学强、蔡运龙、包浩生。主要包括地理学总论、自然地理学、地貌学、气候学、水文学、生物地理学、土壤地理学、医学地理学、环境地理学、化学地理学、冰川学、冻土学、沙漠学、湿地学、海洋地理学、古地理学、人文地理学、经济地理学、城市地理学、资源地理学、旅游地理学、人口地理学、历史地理学、社会与文化地理学、数量地理学、地球信息科学、地图学、地名学、遥感应用、地理信息系统等以及英汉索引和汉英索引。

·中国《全国生态功能区划》被再次论证。中国国家环境保护总局与中国科学院联合主持了专家论证会，对修改完善的全国生态功能区区划进行了全面系统的评估，并得到了由 16 位院士、专家组成的专家组的充分肯定。

·联合国政府间气候变化专门委员会（IPCC）发布《第四次评估报告》。该报告在世界范围内引起极大反响。

·中国成立国家气候变化委员会，并召开第一次会议。

·中国姚檀栋当选中国科学院院士。

·中国刘兴土当选中国工程院院士。

·中国陈发虎、李吉均、张虎才、方小敏、潘保田"中国季风边缘区晚第四纪气候变化与环境演变"获中国国家自然科学奖二等奖。

・中国吴国雄、刘屹岷、李建平、宇如聪、周天军"海陆气相互作用及其对副热带高压和我国气候的影响"获中国国家自然科学奖二等奖。

・第五届国际数字地球研讨会（ISDE）在美国伯克利和圣弗朗西斯科召开。会议主题为将数字地区落地。

・亚洲开发银行提出和使用"包容性增长"概念。之后成为地理有关概念的基础。

・中国《气候变化国家评估报告》出版。这也是中国第一次气候变化国家评估报告。之后，中国《第二次气候变化国家评估报告》《第三次气候变化国家评估报告》《第四次气候变化国家评估报告》陆续研撰、发布和出版。

・中国地理学会《2006—2007 地理科学学科发展报告》出版。为关于地理学基本理论和学科发展方面科学著作。

・中国秦大河主持国家重点基础研究规划项目"我国冰冻圈动态过程及其对气候、水文和生态的影响机理与适应对策"开始进行。2011 年完成。

・中国科学院中国植被图编辑委员会《中华人民共和国植被图（1：100 万）》出版。

・中国科学院中国植被图编辑委员会（张新时主编）《中国植被及其地理格局——中华人民共和国植被图（1：100 万）说明书》出版。

・中国蔡运龙主持的"地理学方法研究"项目启动。为中国科学技术部首批创新方法工作专项项目之一，是世界上首个专门系统研究地理学方法论的项目。其核心成果为后来陆续出版的"地理学思想方法丛书"。

・《中国自然资源综合科学考察与研究》出版。主编孙鸿烈，副主编石玉林、李文华、郑度、成升魁等。

・《中国可持续发展总纲》（共 20 卷）出版。总主编路甬祥，执行总主编牛文元。包括《中国可持续发展总论》《中国能源与可持续发展》《中国水资源与可持续发展》《中国土地资源与可持续发展》《中国森林资源与可持续发展》《中国气候资源与可持续发展》《中国海洋资源与可持续发展》《中国矿产资源与可持续发展》《中国环境保护与可持续发展》《中国生态建设与可持续发展》《中国城市化与可持续发展》《中国农业与可持续发展》《中国地理多样性与可持续发展》《中国社会进步与可持续发展》《中国科技创新与可持续发展》《中国教育与可持续发展》《中国减灾与可持续发展》《中国反贫困与可持续发展》《中国循环经济与可持续发展》。

·美国地质调查局发布《直面明日挑战——美国地质调查局2007—2017年科学战略》报告。

·国际地理联合会地理教育委员会区域会议在瑞士卢塞恩召开。发布《为了可持续发展的地理教育卢塞恩宣言》。

·中国《大辞海》之《天文学·地球科学》卷出版。

·国际"冰冻圈科学学会"成立。

·中国刘栋生获欧洲地球科学联合会洪堡奖章。

·中国汪品先获欧洲地球科学联合会米兰科维奇奖。

·中国国务院公布《东北地区振兴规划》。

·中国自然资源学会《2006—2007资源科学学科发展报告》出版。

·中国开始开展全国污染源普查。第一次普查标准时间为2007年12月31日,第二次普查标准时间为2017年12月31日。

·中国开展第二次全国经济普查。普查标准时间为2008年12月31日。

·《美国科学院院刊》刊发"土地变化科学的出现与全球环境变化和可持续性"。

·中国吴征镒获国家最高科学技术奖。

·中国国务院下发《国务院关于编制全国主体功能区规划的意见》。

·中国地理学家樊杰给中共中央政治局讲解"国外区域发展情况和促进我国区域协调发展"。

·中国设立"国家出版基金"。之后开始资助出版地理科学等著作。

·中国"地表过程与资源生态国家重点实验室"获批。依托单位为北京师范大学。

- 中国的"冰冻圈科学国家重点实验室"获批。依托单位为中国科学院寒区旱区环境与工程研究所。
- 中国科学院发布《关于科学理念的宣言》，促进中国地理学的发展。
- 联合国政府间气候变化专门委员会（IPCC）与美国前副总统阿尔·戈尔获诺贝尔和平奖。
- 英国 BBC 电视台播出《全球变暖的大骗局》。
- 中国科学技术协会举办的中国科协年会（第九届）在武汉召开。会议主题为"节能环保·和谐发展"。中国地理学会参加。
- 中国科学院寒区旱区环境与工程研究所冯起、中国科学院地理科学与资源研究所黄河清、中国科学院新疆生态与地理研究所李彦等获国家杰出青年基金项目资助。
- 第二届"中日韩青年地理学家学术研讨会"在日本熊本举行。
- 中国地理学会举办"地球小博士"全国地理科普大赛。至 2019 年已举办 13 届。

## 公元 2008 年

- 第 31 届国际地理大会在突尼斯举行。
- 中国环境保护部和中国科学院联合发布《全国生态功能区划》。该区划将中国划分为生态功能一级区 3 类、生态功能二级区 9 类、生态功能三级区 216 个。
- 中国地理学会在第 31 届国际地理大会成功申办第 33 届国际地理大会（2016 年在北京召开）。
- 美国经济学家保罗·克鲁格曼因在贸易模式及经济活动区位上的分析获得 2008 年诺贝尔经济学奖。他的工作和成果促进经济地理学发展。
- 中国秦大河在第 31 届国际地理大会上当选国际地理联合会副主席。
- 中国施雅风、崔之久、李吉均、郑本兴、周尚哲"中国第四纪冰川与环境变化研究"获中国国家自然科学奖二等奖。

·中国安芷生、周卫健、刘晓东、刘卫国、刘禹"晚中新世以来东亚季风的历史与变率"获中国国家自然科学奖二等奖。

·中国郑度及其团队杨勤业、吴绍洪等《中国生态地理区域系统研究》出版。为郑度主持国家自然科学基金重点项目"中国生态地理区域系统及其在全球环境变化研究中的应用"核心成果，提出《中国生态地理区域系统方案》。该方案将中国自然地理环境划分为温度带（区）、干湿地区、自然区三个自然地理区划等级单位，其中温度带（区）11个。发展和创新了对中国自然地域分异格局的系统认识、自然地域分异基本理论、综合自然区划科学方法。

·中国全国科学技术名词审定委员会审定与公布《资源科学技术名词》出版。为中国国家科学技术名词审定委员会公布。编委会主任孙鸿烈，副主任石玉林、孙九林、史培军、刘纪远、成升魁等。主要包括资源科学总论、资源经济学、资源生态学、资源地学、资源管理学、资源法学、气候资源学、植物资源学、草地资源学、森林资源学、天然药物资源学、动物资源学、土地资源学、水资源学、矿产资源学、海洋资源学、能源资源学、旅游资源学、区域资源学、人力资源学等。

·中国郑度和周成虎系统阐述自然地理区划。

·中国在"黑河综合遥感联合试验"中开展"密集的航空—卫星遥感和地面同步试验"。

·中国编制《陆地生态系统定位研究中长期发展规划（2008—2020年）》。

·中国施雅风在中国地理学会长江分会2008年学术年会上作报告"对李四光庐山冰川学说的修正"。

·中国施雅风比较两幅（李四光的地貌图和施雅风的地貌图）庐山羊角岭大比例尺地貌图。

·中国、俄罗斯、蒙古三国联合开始（至2012年）进行"中国北方及其毗邻地区综合科学考察"。

·世界银行提出贫困线的经济标准即人均日消费支出1.25美元（按2005年购买力平价）。成为地理特别是社会地理分析工具。

- 中国国务院确定中国第一批资源枯竭型城市 12 个。2009 年确定第二批资源枯竭型城市 32 个，2011 年确定第三批资源枯竭型城市 25 个。这些城市转型发展内生动力不强。
- 数字地球峰会 2008 年在德国波茨坦召开。会议主题为"地球信息科学：全球变化研究的工具"。
- 中国顾朝林等《人文地理学流派》出版。全书由四部分组成：第一部分论述人文地理学的传统；第二部分重点介绍实证主义地理学以及第二次世界大战以来西方人文地理学流派，主要包括激进主义地理学、马克思主义地理学、结构主义地理学、行为主义地理学、人文主义地理学、后现代主义地理学、女性主义地理学和新自由主义政治经济地理学；第三部分重点介绍第二次世界大战后人文地理重点研究领域，包括现代区域研究学派、城市研究学派、新经济地理学和社会地理学研究方法；第四部分重点介绍西方发达国家第二次世界大战后地理学的发展，主要有美国地理学发展、英国地理学发展和法国地理学发展。
- 中国葛全胜、邹铭、郑景云《中国自然灾害风险综合评估初步研究》出版。编绘中国综合灾害风险等级地图，揭示了中国综合风险及其防范的区域分异空间秩序，为区域防灾减灾决策制定提供一定的科学根据。
- 中国南宋郑樵《通志》由浙江古籍出版社出版。为中国历史地理研究的重要文献。
- 国际科学理事会成立世界数据系统（WDS）科学委员会。其前身是 1957 年成立的世界数据中心（World Data Center，WDC）。中国 1988 年成立了 WDC，并于当年成立了 9 个学科数据中心。国际科学理事会世界数据系统的使命是支撑国际科学理事会的长期愿景，在自然科学、社会科学和人文科学等一系列学科之间，为科学数据、数据服务、产品和信息提供有质量保证的长期管理和平等访问，促进遵守相互协定的数据标准和实践，提供促进数据访问的机制，并采用"数据共享原则"推进其目标。
- 《自然》杂志出版"大数据专刊"。深远影响地理学和地理学家。
- 《自然》杂志子刊《自然·地球科学》创刊。

- "中国国家地理中文网"开始运营。
- 中国北京师范大学成立"全球变化与地球系统科学研究院"。
- 中国科学技术协会举办的中国科协年会（第十届）在郑州召开。会议主题为"科学发展·社会责任"。中国地理学会参加。
- 中国科学院南京与湖泊研究所秦伯强、中国科学院地理科学与资源研究所岳天祥、中国科学院青藏高原研究所马耀明、中国科学院寒区旱区环境与工程研究所侯书贵等获国家杰出青年基金项目资助。
- 第三届"中日韩青年地理学家学术研讨会"在韩国清州举行。决定会议名称更改为"中日韩地理学国际学术研讨会"。

**公元 2009 年**
- 中国地理学会在北京人民大会堂举办百年庆典。来自中国、美国、韩国等国的 2000 多人参会。
- 国际科学理事会发布报告《制定地球系统研究的新愿景及战略框架》。
- 俄罗斯国防部长谢尔盖·绍伊古开始担任俄罗斯地理学会会长。2010 年俄罗斯总统普京开始担任俄罗斯地理学会董事会董事长。
- 中国孙鸿烈、郑度等论述"陆地表层现代自然地理过程及其资源环境效应"战略问题。
- 中国陆大道论述"人地关系区域动力学"和"人地关系与区域可持续发展"战略问题。
- 中国孙鸿烈、郑度、姚檀栋论述"青藏高原环境演变、表生过程及其影响"的战略问题。
- 中国陆大道阐述现代地理学在认识论和方法论上不仅重视因果关系而且重视相关关系，区域的差异性和相互依赖性是相关性解释的客观基础。
- 中国傅伯杰开始担任国际长期生态系统研究网络（ILTER）主席。
- 中国傅伯杰主持国家重点基础研究规划项目"中国主要陆地生态服务功能与生态安全"开始进行。2013 年完成。

·中国王涛主持的国家重点基础研究规划项目"干旱区绿洲化、荒漠化过程及其对人类活动、气候变化的影响与调控"开始进行。2013年完成。

·中国科学院发起"第三极环境（TPE）"国际计划。第三极以青藏高原为核心，是全球最独特、最重要的地学综合体（即地质—地理—资源—生态耦合系统）之一。中国姚檀栋担任科学委员会主席。

·中国陶澍当选中国科学院院士。

·中国地理学会等发起"中国地理百年大发现"征集评选活动。

·《中国国家地理》发行"中国地理百年大发现"专辑。

·《中国大百科全书》第二版出版。地理学科总主编郑度，包括地理学、中国地理和世界地理。

·《中华人民共和国国家标准·学科分类与代码》发布与出版。

·《中华人民共和国国家标准·学科分类与代码》中，地理学大部分属于地球科学外，部分属于其他若干学科。

·《中华人民共和国国家标准·学科分类与代码》中，将环境科学技术及资源科学技术列为一级学科。

·《中华人民共和国地貌图集》编委会、周成虎主编《中华人民共和国地貌图集》出版。其比例尺为1∶100万。

·中国孙九林、林海《地球系统研究与科学数据》出版。

·中国国家林业局《中国荒漠化和沙漠化土地图集》出版。

·《中国教育地图集》出版。

·中国《山地垂直带信息图谱研究》出版。

·美国亚历山大·B.墨菲《人文地理学：文化、社会和空间》（第9版）出版。

·中国中山大学编纂的《中山大学地理人物传》出版。

·中国科学院地理科学与资源研究所主持开始（至2013年）进行"澜沧江中下游与大香格里拉地区综合科学考察"。揭示了该地区的自然资源、生态环境和社会经济梯度变化规律。

·世界银行《2009年世界发展报告：重塑世界经济地理》出版。

・中国"极地测绘科学国家测绘局重点实验室"《南北极地图集》出版。

・中国香港中文大学林珲等《虚拟地理环境》出版。之后俄文版和捷克文版出版。

・中国潘玉君、武友德《地理科学导论》出版。吴传钧系统指导、郑度作序、陆大道主审。系统阐释地理科学的研究对象、研究核心、学科体系、基本价值、研究范式、基本原理、基本方法、现代发展。至2021年已出版第一版、电子版、第二版、第三版。

・中国政府批准《西藏生态安全屏障保护与建设规划（2008—2030）》。地理学是该规划编制的主要学科之一。

・意大利西西里议会授予中国孙鸿烈"艾托里·马约拉纳—伊利斯科学和平奖"。

・中国科学院和国家自然科学基金委员会开始"2011—2020年我国学科发展战略研究"重大科学战略项目。成果于2012年出版《未来10年中国学科战略》，共20卷。包括地理科学方面内容。

・中国的"湖泊与环境国家重点实验室"获批。依托单位为中国科学院南京地理与湖泊研究所。

・美国斯坦福大学的生态学家哈尔·穆尼提出和使用"地理学家的时代"概念。

・中国香港大学地理系创建关于冰冻圈地缘政治的网站。

・第六届国际数字地球研讨会（ISDE）在中国北京召开。会议主题为数字地球在行动。

・中国开始第二次全国湿地资源调查。

・中国清华大学建立地球系统科学中心。

・中国科学技术协会举办的中国科协年会（第十一届）在重庆召开。会议主题为"自主创新与持续增长"。中国地理学会参加。

・中国北京大学、兰州大学、北京师范大学、南京大学、华东师范大学、武汉大学、福建师范大学等地理学基地开展"发现计划"联合实习活动。

・中国科学院生态环境研究中心陈利顶、中国兰州大学潘保田等获国家杰出青年基金项目资助。

・《中国古籍总目》编纂委员会《中国古籍总目》出版。为中国历史地理研究重要文献。

・第四届"中日韩地理学国际研讨会"在中国广州举行。

## 第二节 地理学年表:公元2010—2019年

### 公元2010年

・美国国家科学院国家研究理事会《理解正在变化的星球:地理科学的战略方向》出版。系统阐述了地理学在5个领域（全球变化,环境研究,高性能计算与通信,公共基础设施系统,科学、数学、工程与技术教育）中可以起到骨干作用,系统阐述地理科学的11个战略方向（如何改变自然地理环境,如何更好地保护生物多样性和濒危生态系统,气候等变化如何影响人地关系特别是脆弱的人地关系,100亿人口在地表如何生存和分布,地理环境如何养活这么多的人口,人类居住地如何影响人类健康,人口流动和物质流通以及思想传播如何影响和改变世界,经济全球化如何影响社会不平等,地缘政治变化如何影响和平与稳定,如何更好地观察、分析和可视化不断变化的世界,公民制图和绘制公民地图有哪些社会影响）。中译本2011年出版。

・美国国家科学院国家研究理事会强调"集成和综合研究是地理科学建立的标志"。

・美国国家科学院国家研究理事会指出,地理科学长期关注的不断变化着的地球表层的重要特征和空间结构,以及人类与环境之间的交互关系,正逐渐成为科学和社会的核心内容,一个显著的标志是越来越多其他学科的科学家运用地理学的概念和技术来完成工作,包括考古学家、经济学家、天体物理学家、流行病学家、生物学家、地质学家、景观建筑学家和计算机科学家等,他们的工作的集合或系统促进地理科学发展,产生了"跨学科的地理科学"。

- 中国国务院完成《国务院关于下发全国主体功能区规划的通知》文件。次年下发《全国主体功能区规划》。
- 俄罗斯总统普京开始担任俄罗斯地理学会的董事会主席。俄罗斯每年都举办全民地理知识竞赛，每年参赛者达10万人。
- 英国皇家地理学会授予中国地理学会"地理科学发展特别贡献奖"。
- 中国陈骏、郑洪波、鹿化煜、季峻峰、杨杰东"风尘起源、沉积与风化的地球化学研究及古气候意义"获中国国家自然科学奖二等奖。
- 中国《20世纪中国知名科学家学术成就概览》之《地学卷》之《地理学》出版。钱伟长为《20世纪中国知名科学家学术成就概览》总主编。孙鸿烈为《地学卷》主编、郑度等为副主编。
- 中国郑度、杨勤业发表"20世纪的中国地理学"。
- 中国林珲、周成虎等《空间综合人文学与社会科学研究》出版。本书讨论了人文学与社会科学研究对于空间综合方法的需求、空间综合模型与方法，以及这些方法在历史学、语言学、人类学、社会学、城市学、文化遗产与景观资源学等方面的应用。
- 中国陈曦《中国干旱区自然地理》出版。
- 联合国《2010年人类发展报告》提出和使用"多维贫困指数（MPI）"，包括健康、教育和生活标准3个维度的10个指标。并取代1997年提出和开始使用的"人类贫困指数（HPI）"。成为地理特别是社会地理分析工具。
- 中国夏军主持国家重点基础研究规划项目"气候变化对我国东部季风区陆地水循环与水资源安全的影响及其适应对策"开始进行。2014年完成。
- 中国杨修群主持国家重大基础研究规划项目"我国东部沿海城市带的气候效应及其对策研究"开始进行。2014年完成。
- 中国科学院遥感应用研究所、北京师范大学遥感科学国家重点实验室、中国科学院地理科学与资源研究所地球系统科学信息共享中心《中华人民共和国人口与环境变迁地图集》出版。

- 国际地理联合会在以色列特拉维夫召开区域会议。
- "数字地球峰会2010"在澳大利亚内塞巴尔召开。会议主题为"数字地球社会服务"。
- 中国国家林业局（贾志邦主编）《中国森林资源图集》出版。
- 中国科学院联合中国气象局、国家自然科学基金委员会、中国科学技术协会、浙江大学、上海科学教育出版社等单位在北京举行了纪念竺可桢先生诞辰120周年座谈会。全国人大常委会副委员长、中国科学院院长路甬祥出席并作报告，中国科学院副院长李静海、中国气象局局长郑国光、国家自然科学基金委员会主任陈宜瑜、中国科学院地学部主任秦大河、中国科学技术协会书记处书记程东红、浙江大学校长杨卫、上海科技教育出版社原社长翁经义，以及陶诗言、孙鸿烈等十余位院士以及40余位有关部门领导和竺可桢先生家属代表出席会议。
- 中国第二届国家气候变化专家委员会成立。
- 第一届地球系统科学大会（CESS）举行。至2020年已举行6次。
- 《自然》杂志子刊《自然·通讯》创刊。成为地理学发表成果刊物之一。
- 中国科学技术协会举办的中国科协年会（第十二届）在福州召开。会议主题为"经济发展方式转变与自主创新"。中国地理学会参加。
- 第五届"中日韩地理学国际研讨会"在日本仙台举行。
- 中国第一次"全国水利普查"开始。
- 中国科学院青藏高原研究所田立德、中国北京大学胡永云等获国家杰出青年基金项目资助。
- 中国清华大学全球变化研究院成立。
- 中国设置重庆两江新区。

**公元2011年**

- 中国发布《全国主体功能区规划》。地理学为规划编制提供科学支撑，也因此得到促进和发展。
- 美国国家科学院研究理事会提出和阐述美国的地理学发展以服务

国家重大社会经济目标为主要驱动力。属于地理学发展动力范畴。

·国际地理联合会（IGU）在德国魏玛召开向联合国提议全球共识年（IYGU）活动的会议。中国周尚意参加并专门准备阐述台湾是中国的一部分的会议发言资料。

·国际科学理事会（ICSU）和国际社会科学理事会（ISSC）发起，联合国教科文组织、联合国环境署等组织共同牵头组建的为期十年的大型科学计划"未来地球研究计划（FE）"。目的是为应对全球环境变化给各区域、国家和社会带来的挑战，加强自然科学与社会科学的沟通与合作，为全球可持续发展提供必要的理论知识、研究手段和方法。之后设置动态地球、全球发展、向可持续发展转变三个研究领域。

·中国国务院印发《兴边富民行动规划（2011—2015）》。

·中国傅伯杰当选中国科学院院士。

·中国郭华东当选中国科学院院士。

·中国赖远明当选中国工程院院士。

·中国方敏、李吉均、潘保田、马玉贞、宋春晖"晚中新世以来青藏高原东北部隆升与环境变化"获中国国家自然科学奖二等奖。

·美国国家研究会发布《地球科学的基础研究机遇》。

·中国"林超地理博物馆（网络版）"开始建设并逐步开放。为国际地理联合会（IGU）、国际科学技术数据委员会（CODATA）和中国地理学会联合签署的关于"共建数字化林超地理博物馆合作共识书"框架下建设的三方联合的长期国际科技合作计划。

·中国崔鹏主持国家重点基础研究规划项目"中国西部特大山洪泥石流灾害形成机理与风险分析（两年）"开始进行。2012 年完成。

·中国拓万全主持国家重点基础研究规划项目"黄河上游沙漠宽谷段风沙水沙过程与调控机理"开始进行。2015 年完成。

·中国蔡运龙主编《地理学思想方法》丛书开始陆续出版。包括《地理学方法论》《地理学：科学地位与社会功能》《自然地理学研究范式》《经济地理学思维》《城市地理学思想与方法》《地理信息科学方法论》《理论地理学》《地理科学导论》《高等人文地理学》《当代地理学方法》等。
- 中国发布《第二次气候变化国家评估报告》。
- 中国孙鸿烈等《中国生态问题与对策》出版。
- 中国陆大道、樊杰等《中国地域空间、功能及其发展》出版。
- 中国蔡运龙和美国 Bill Wyckoff《地理学思想经典解读》出版。
- 中国刘彦随主编"现代农业与乡村地理丛书"开始陆续出版。吴传钧作序。至 2020 年首批已出版专著 10 部。
- 中国葛全胜《中国历朝气候变化》出版。
- 中国叶大年等《城市对称分布与中国城市化趋势》出版。提出和阐述以五条原理为核心的城市对称分布理论。
- 中国"综合风险防范关键技术研究与示范丛书"出版。
- 中国史培军《中国自然灾害系统地图集》出版。
- 中国科学院生态环境研究中心、世界自然基金会《长江流域生物多样性格局与保护地图集》出版。
- 中国黄河中上游管理局周月鲁主编《黄河流域水土保持图集》出版。
- 中国"荒漠与绿洲生态国家重点实验室"获批。依托单位为中国科学院新疆生态与地理研究所。
- 中国《中国气候公报（2010）》发布。
- 国际地理联合会在智利圣地亚哥召开区域会议。
- 国际景观生态学会授予中国傅伯杰杰出贡献奖。
- 中国国务院《关于加强环境保护重点工作的意见》明确提出生态红线。
- 联合国环境规划署《绿色经济报告》给出绿色经济概念的定义。
- 《自然》杂志子刊《气候变化》创刊。
- 中国（宋元）马端临《文献通考》（上海师范大学古籍研究所和华东师范大学古籍研究所点校）出版。为中国历史地理研究的重要文献。
- 《科学》杂志出版"大数据专刊"。深远影响地理学和地理学家。
- 英国皇家地理学会向中国地理学会颁发英国皇家地理学会 2010 年

特别贡献奖。

· 中国周尚意发表"文化地理学研究方法及学科影响"。

· 中国科学技术协会举办的中国科协年会（第十三届）在天津召开。会议主题为"科技创新与战略性新兴产业"。中国地理学会参加。

· 中国科学院地理科学与资源研究所刘卫东、北京大学朴世龙、中国科学院东北地理与农业生态研究所宋长春、中国科学院青藏高原研究所徐柏青、中国科学院寒区旱区环境与工程研究所赵文智等获国家杰出青年基金项目资助。

· 中国同济大学开设"地球表层系统与演变"课程。由1996年开始开设的"全球变化"和2001年开始开设的"地球系统"两门课程合并而来。

· 中国华东师范大学举行严钦尚学术思想研讨会。

· 第七届国际数字地球研讨会（ISDE）在澳大利亚佩斯召开。会议主题为知识生成。

· 第六届"中日韩地理学国际学术研讨会"在韩国首尔举行。

· 中国设置浙江舟山群岛新区。

**公元 2012 年**

· 第32届国际地理大会在德国科隆举行。

· 中国中共十八大提出"人类命运共同体"概念。深远影响世界地理格局、地理学研究和地理学家。

· 中国共产党第十八次全国代表大会提出"美丽中国"执政理念。2015年"美丽中国"进入国家"十三五"规划。"美丽中国"成为地理学主要任务，也促进了地理学的发展。

· 国际科学联盟发起成立"未来地球研究计划"。

· 《中国自然地理系列专著》开始陆续出版。编委会主任孙鸿烈、副主任郑度。已出版《中国自然地理总论》《中国地貌》《中国气候》《中国水文地理》《中国土壤地理》《中国植物区系与植被地理》《中国动物地理》《中国古地理》《中国历史自然地理》《中国海洋地理》。

- 中国孙鸿烈、郑度、姚檀栋、张镱锂发表"青藏高原国家生态安全屏障保护与建设"。为后来的国家决策提供科学根据。

- 中国全国科学技术名词审定委员会审定与公布《地理信息系统名词》（第二版）出版。主任宫辉力。主要包括基本概念和技术与应用两部分。

- 中国建立国家科技基础条件平台"地球系统科学数据共享平台（DSPESS）"。其前身为地球系统科学数据共享平台（2003 年）和国家科技基础条件平台"地球系统科学数据共享平台"（2005 年）。

- 中国国务院批准由中国环境保护部和中国科学院开始《全国生态环境十年变化（2000—2010 年）遥感调查与评估》项目。该项目的目的是"摸清家底，发现问题，找出原因，提出对策"。

- 中国葛全胜、王绍武、邵雪梅、郑景云、杨保"过去 2000 年中国气候变化研究"获中国国家自然科学奖二等奖。

- 中国杨桂山主持国家重点基础研究规划项目"长江中游通江湖泊江湖关系演变及其环境生态效应与调控"开始进行。2016 年完成。

- 中国地理学会《2011—2012 地理学学科发展报告（人文—经济地理学）》出版。

- 中国郑度主编、周成虎等副主编《地理区划与规划词典》出版。全书包括绪论篇（地球系统、地理科学）、地理区划篇（通论、自然区划、人文与经济区划、环境和生态与灾害区划、海洋区划）、地理规划篇（通论、国土规划与区域规划、城乡规划、经济规划、资源规划、环境规划、生态与灾害防治规划、海洋规划）。

- 中国地理学会《2012—2013 地理学学科发展报告（地图学与地理信息系统)》出版。

- 中国《大辞海》之《中国地理》卷出版。

- 中国国家自然科学基金委员会和中国科学院《未来 10 年中国学科发展战略·地球科学》出版。其中包括地理科学。

- 中国国家自然科学基金委员会和中国科学院《未来 10 年中国学科发展战略·资源与环境科学》出版。其中包括地理科学。

·中国测绘研究院、中国科学院地理科学与资源研究所、西安地图出版社、中国社会科学院民族学与人类学研究所《中国西部人文地图集》出版。

·中国提出"精准扶贫"概念和思想。之后成为地理学应用研究方向之一。

·中国"国家地图集编纂委员会"《中华人民共和国国家历史地图集》（共3卷）开始出版发行。《中华人民共和国国家历史地图集》（第一卷）是一部代表国家水平的空前宏伟的历史地图巨著。全书共分3卷，共有1300多幅图。全书共有21个图组，分为民族、人口、都市分布、城市遗址、气候、自然灾害、地貌、沙漠、植被、动物、史前时期遗址、远古传说时期事迹、夏商西周时期遗址、疆域政区、农牧、工矿、交通、文化、宗教、古代战争、近代战争等图组。第一册有400余幅，涵盖民族、人口、都市分布、城市遗址、气候、自然灾害6个图组。

·中国蔡运龙在中国国家自然科学基金委员会和中国科学院《未来10年中国学科发展战略》之《地球科学》中阐述地理学。

·中国傅伯杰等《中国生态区划研究》出版。提出"中国生态区划方案"。

·中国张荣祖、李炳元等《中国自然保护区区划研究》出版。

·中国开展第三次全国经济普查。普查标准时间为2013年12月31日。

·《中国气候公报（2011）》发布。

·美国R. 马立博《中国的环境和历史》出版。根据中国自然地理环境分异基本特征将中国划分为汉族为主和非汉族为主的人文地理环境并阐述历史过程。

·中国崔建新《气候与文化》出版。该书梳理了全新世气候变化以及环境考古研究的学术脉络，并且仔细分析和评价了环境考古研究中的常用技术方法。同时，在大量野外工作和室内实验的基础上，重建了京津冀地区全新世气候变迁历史，并将全新世气候演化序列和新石器文化发展序列进行了对比分析，采用GIS空间分析方法探讨了京津冀地区新石器时代文化分布规律及可能的生计模式。

- 全球地理信息开发者大会（WGDC）第一届大会在中国国家中心举行。会议主题为"新技术新模式新商业"。
- 国际"生物多样性和生态系统服务政府间科学—政策平台（IPBES）"成立。
- 联合国等颁布资源环境综合核算体系（SEEA2010）。
- 中国《中华大典·地学典》编委会成立。《中华大典·地学典》是《中华大典》一级典，包括《地质分典》《测绘分典》《自然地理分典》《海洋分典》《气象分典》。
- 中国科学院对地观测与数字地球科学中心（刘建波主编）《中国分省遥感影像地图集》出版。
- 中国重庆市规划局、湖北省测绘局《三峡库区地图集》出版。
- 中国命名"吴征镒星"。原因之一是他在植物地理学方面的贡献。
- 美国维克多·迈尔·惠恩伯格《大数据时代》出版。深刻影响地理学和地理学家。
- 中国地理学等发起"地理学与中国全球战略高层论坛"。至2019年已举办7次论坛。
- 中国教育部颁布《普通高等学校本科专业目录（2012年）》。它规定专业划分、名称及所属门类。其中，地理科学类专业包括地理科学专业、自然地理学与资源环境管理专业、人文地理学与城乡规划专业、地理信息科学专业。
- 中国科学院大学成立。由中国科学院研究生院更名。2014年开始招收本科生。设资源与环境学院。
- 中国开始启动国家级和省级精品开放课程（包括精品视频公开课程和精品资源共享课程）。由国家级和省级精品课程转换而来。地理科学专业类的多门课程成为国家级和省级精品开放课程。
- "数字地球峰会2012"在新西兰惠灵顿召开。会议主题为"数字地球与技术"。
- 中国科学技术协会举办的中国科协年会（第十四届）在石家庄召开。会议主题为"科技创新与经济结构调整"。中国地理学会参加。

- 中国科学院青藏高原研究所康世昌、中国科学院地理科学与资源研究所王训明等获国家杰出青年基金项目资助。
- 第七届"中日韩地理学国际学术研讨会"在中国长春举行。
- 中国设置兰州新区、广州南沙新区。

**公元2013年**

- 中国中共中央总书记、国家军委主席习近平提出"一带一路"倡议。"一带一路"包括"丝绸之路经济带和21世纪海上丝绸之路"。后陆续有相应的规划和行动计划等。深远影响世界地理格局，是地理学研究领域之一。
- 中国提出"人的城镇化"理念和概念。中国城镇化开始新的时期。地理学发挥作用并因此得到发展机遇。
- 中国人与生物圈国家委员会设立"中国生物圈保护奖"，并第一次颁奖。奖励国际上在生物圈方面有突出贡献者。联合国教科文组织生态与地球科学部原主任纳塔拉詹·伊希瓦兰、托马斯·萨尔福、俄罗斯人与生物圈国家委员会副主席纳罗诺夫·瓦夫利亚、韩国人与生物圈国家委员会主席周顺道、中国工程院院士李文华五位获奖。
- 中国周成虎当选中国科学院院士。
- 中国崔鹏当选中国科学院院士。
- 中国地理学会获民政部"中国社会组织评估等级——4A"表彰。中国地理学会副理事长兼执行秘书长张国友代表中国地理学会接受颁奖。
- 中国共产党十八届三中全会《中共中央关于全面深化改革若干重大问题的决定》提出"探索编制自然资源资产负债表，对领导干部实行自然资源资产离任审计"。
- 俄罗斯成立俄罗斯科学基金会（RSF）。资助地理学研究。
- 中国开展"全国地理国情普查"。第一次普查时段为2013—2015年。普查标准时间为2015年6月30日。
- 中国启动新世纪版《中华人民共和国国家大地图集》研编科技基础工作专项。20世纪五六十年代、八九十年代曾两次编纂出版国家地图集。

·中国建立亚洲生物多样性保护和数据库网络（ABCDNet）。

·中国中共中央召开城镇化工作会议。

·中国科学院课题组和中国工程院课题组向国务院总理汇报中国城镇化问题。

·中国工程院、国家开发银行和清华大学共同组织开始启动"生态文明建设若干战略问题研究"重大咨询项目。2017年出版《中国生态文明建设重大战略研究》（共9卷）由科学出版社出版。

·国际地理联合会在日本京都召开区域会议。

·中国《中共中央关于全面深化改革若干重大问题的决定》中提出和阐述生态保护红线概念并规定有关任务。

·中国国务院发布《全国资源型城市可持续发展规划（2013—2020年)》。规划界定中国有262个资源型城市，包括成长型、成熟型、衰退型和再生型四类资源型城市。

·中国侯仁之任主编、邓辉等任副主编《北京历史地图集》系列由北京出版集团出版。包括《北京历史地图集·政区城市》《北京历史地图集·人文社会》《北京历史地图集·文化生态》3卷。

·中国孙鸿烈提出中国地理学会要宣传黄秉维中国综合自然地理区划以指导各方面建设特别是生态文明建设。

·中国杨萍《西藏综合自然与沙漠化地图集》出版。

·中国国家减灾委员会办公室、民政部国家减灾中心（张卫星主编）《2011年中国自然灾害地图集》出版。

·中国余谋昌《地学哲学：地球人文社会科学研究》出版。

·中国张九辰《自然资源综合考察委员会研究》出版。

·中国全国经济地理研究会"中国经济地理丛书"编纂工作启动。包括概论、四大板块、省市区三个系列。

·中国科学技术协会举办的中国科协年会（第十五届）在贵阳召开。会议主题为"创新驱动与转型发展"。中国地理学会参加。

·中国南京大学举行任美锷百年诞辰纪念暨学术思想研讨会。

- 中国科学院青藏高原研究所阳坤等获国家杰出青年基金项目资助。
- 第八届"中日韩地理学国际研讨会"在日本福冈举行。
- 中国《中国气候公报（2012）》发布。

**公元 2014 年**
- 国际地理联合会在波兰克拉科夫举行区域会议。
- 中国中共中央和国务院发表《国家新型城镇化规划（2014—2020）》。中国地理学参与前期研究。深远影响中国地理研究。
- 中国周成虎当选国际地理联合会副主席。
- 中国傅伯杰发表"地理学综合研究的途径与方法：格局与过程耦合"。
- 联合国环境规划署将中国库布其沙漠生态治理区确立为生态经济示范区。
- 俄罗斯举办为时一周的全俄罗斯地理节。中国地理学会秘书长张国友和《地理学报》常务副主编何书金代表中国地理学会应邀出席。
- 中国成立"未来地球研究计划中国委员会（CNC-FE）"。秦大河为主席。
- 中国成立"全球重要农业文化遗产专家委员会"。中国李文华为主任委员，中国闵庆文为副主任兼秘书长。
- 中国姚檀栋、秦大河、田立德、王宁练、康世昌"青藏高原冰芯高分辨率气候环境记录研究"获中国国家自然科学奖二等奖。
- 中国《大辞海》之《世界地理》卷出版。
- 联合国政府间气候变化专门委员会（IPCC）发布《第五次评估报告》。报告指出人类对气候系统的影响是明确的，而且这种影响在不断增强，在世界各大洲都已观测到种种影响。
- 中国科学院生态环境研究中心、世界自然基金会（欧阳志云、吴於松主编）《澜沧江流域生物多样性格局与保护地图集》出版。
- 中国李锐、赵牡丹、杨勤科《中国土壤侵蚀地图集》出版。
- 中国秦大河等《冰冻圈科学辞典》出版。

・中国王涛、赵哈林《英汉沙漠科学词典》出版。

・中国国务院印发《关于深化中央财政科技计划管理改革的方案》。提出将在 2017 年将"973"计划和"863"计划合并为国家重点研发计划。《自然》杂志对此发表评论称其为"此次改革价值的标志性事件"。影响地理科学研究的国家支持。

・中华人民共和国林业行业标准《森林生态系统生物多样性监测与评估规范（LY/T2241—2014)》开始实施。

・中国《中国气候公报（2013）》发布。

・中国史培军、吕丽莉、汪明等发表"灾害系统：灾害群、灾害链、灾害遭遇"。

・中国科学院青藏高原研究所刘勇勤、中国科学院地理科学与资源研究所汤秋鸿、中国科学院寒区旱区环境与工程研究所效存德等获国家杰出青年基金项目资助。

・国际灌溉排水委员会（ICID）开始评选"世界灌溉工程遗产"项目。该项目旨在更好地保护和利用在用古代灌溉工程，挖掘和宣传灌溉工程发展史及其对世界文明进程的影响，学习古人可持续性灌溉的智慧、保护珍贵的历史文化遗产。世界灌溉工程遗产是国际灌溉排水委员会于 1950 年成立的，旨在鼓励水资源可持续利用、促进水利遗产保护，拥有 110 余个成员国。

・中国科学院发布《追求卓越科学》宣言。促进中国地理科学发展。

・国际区域研究协会（RSA）中国分会成立。刘卫东为中国分会理事长。

・中国科学院"率先行动计划"启动。计划内容之一是地学。

・中国科学技术协会举办的中国科协年会（第十六届）在昆明召开。会议主题为"开放、创新与产业升级"。中国地理学会参加。

・第九届"中日韩地理学国际学术研讨会"在韩国釜山举行。

・中国设置西咸新区、贵安新区、西海岸新区、金普新区、天府新区。

**公元 2015 年**

· 中国共产党第十八届五中全会提出把"美丽中国"纳入国家"十三五"规划。2012 年中国共产党第十八届全国代表大会提出"美丽中国"并开始作为执政理念。"美丽中国"成为地理学主要任务，也促进了地理学的发展。

· 联合国通过《变革我们的世界：2030 年可持续发展议程》。该议程的核心是实现全球可持续发展目标（SDGs）。该目标包含经济、社会、环境三方面的 17 项目标、169 项具体目标和超过 230 个指标。17 项目标包括消除世界各地各种形式的贫困，消除饥饿、实现粮食安全和改善营养、促进科持续农业，确保所有年龄段所有人的健康生活并促进福祉，确保包容性和公平的素质教育并为所有人提供终身学习机会，实现性别平等并赋予所有妇女和女孩权力，确保所有人用水和卫生设施的可用性和可持续管理，确保所有人获得负担得起、可靠、可持续和现代化的能源，促进、包容和可持续的经济增长、充分就业和生产性就业以及人人享有体面工作，建设有弹性的基础设施、促进包容性和可持续工业化及创新，减少国家内部和国家之间的不平等，使城市和人类住区有包容性、安全性、弹性、可持续性，确保可持续消费和生产模式，采取紧急行动应对气候变化及其影响，保护和可持续利用海洋资源促进可持续发展，保护恢复和促进陆地生态系统的可持续利用、可持续管理森林、防止荒漠化、制止和扭转土地退化、制止生物多样性丧失，促进和平和包容性社会、促进社会可持续发展、为所有人提供诉诸司法的机会并在各级建立有效负责和包容性的机构，加强执行手段、振兴全球可持续发展伙伴关系。深远影响地理学和地理学家。

· 国际地理联合会《2016 地理教育国际宪章》在莫斯科举行的国际地理联合会区域会议上介绍。深远影响世界诸多国家的地理教育特别是中学地理教育教学发展。

· 中国国务院印发《国务院关于支持沿边重点地区开发开放若干政策措施的意见》。深远影响边疆地区发展和边疆地理研究及边疆地理学学科建设。

• 中国环境保护部和中国科学院发布《全国生态功能区划（修编版）》。该区划将全国划分为生态功能一级区 3 类、生态功能二级区 9 类、生态功能三级区 242 个，确定 63 个重要生态功能区，覆盖我国陆地国土面积的 49.4%。《全国生态功能区划》2008 年版已不能适应新时期生态安全与保护的形势，为此，环境保护部和中国科学院决定，以 2014 年完成的全国生态环境十年变化（2000—2010 年）调查与评估为基础，由中国科学院生态环境研究中心负责对《全国生态功能区划》进行修编，完善全国生态功能区划方案，修订重要生态功能区的布局。确定新修编的区划进一步强化生态系统服务功能保护的重要性，加强与《全国主体功能区规划》的衔接。

• 中国环境保护部和中国科学院完成的《全国生态环境十年变化（2000—2010 年）调查评估报告》。该报告是中国国务院批准项目"全国生态环境十年变化（2000—2010 年）遥感调查与评估"的主要成果。调查评估结果显示，十年间，全国森林、灌丛、草地生态系统质量总体向好，城镇、农田生态系统格局变化剧烈，森林、湿地生态系统人工化趋势明显，农业生产与开发导致的水土流失、土地沙化、石漠化等问题依然严重，城镇化、工业化与资源开发导致的流域生态破坏、城镇人居环境恶化、自然海岸线丧失、野生动植物自然栖息地减少等问题加剧。全国生态安全形势依然严峻，生态环境风险增加，生态保护与发展矛盾突出。

• 中国陈发虎当选中国科学院院士。

• 中国夏军当选中国科学院院士。

• 中国科学院精准扶贫评估研究中心在中国科学院地理科学与资源研究所成立。团队负责人刘彦随。评估团队的工作得到中科院内外的充分肯定，先后获国务院扶贫办颁发的"先进集体"奖、2018 年度中国科学院科技促进发展奖。

• 世界银行根据世界发展指标（WDI）对世界上 214 个经济体进行发展水平分组，包括低收入经济组、下中等收入经济组、上中等收入经济组、高收入经济组。

·联合国第 21 次气候变化大会召开并签署《巴黎协定》。

·国际数据委员会（CODATA）发布战略规划。提出三个工作重点：支持围绕开放数据和开放科学的原则、政策和实践；推动数据科学前沿领域的发展；通过能力建设提升各国数据技能和国家科研体系在支持开放数据中发挥的作用，促进开放科学的发展。

·《中国大百科全书》第三版《地理学》卷编撰启动。

·《中国大百科全书》第三版《中国地理》卷编撰启动。

·《中国大百科全书》第三版《世界地理》卷编撰启动。

·俄罗斯"全俄地理听写大赛"开始进行。俄罗斯地理学会遵照学会董事长普京总统提议，开始每年都在国内外举办地理知识竞赛即全俄地理听写大赛。该赛事是俄罗斯地理协会组织的一场大型地理知识竞赛，一年举办一次。参赛者共需回答 30 道题，内容涉及地理概念和术语、使用地图的技能和根据旅行日记摘录确定地理目标。

·俄罗斯发行以俄罗斯地理学会为主题的纪念邮票。

·中国《京津冀协同发展规划纲要》印发。中共中央政治局讨论审定通过。

·中国国家林业局发布《中国荒漠化和沙化状况公告》。

·中国启动"国家重点研发计划"。开始资助地理学研究。

·中国国务院印发《编制自然资源资产负债表试点方案》文件。

·中国科学院学部和中国科学院地理研究所主办"孙鸿烈学术思想研讨会"。中国科学院和中国工程院院士李振声、石元春、陈宜瑜、赵其国、李文华、钟大赉、滕吉文、刘昌明、郑绵平、郑度、陆大道、吴国雄、王浩、傅伯杰、郭正堂、周成虎等出席研讨会。

·中国郑度、杨勤业发表"中国现代地理学的发展历程"。

·中国郑度、杨勤业发表"中国现代地理学研究与前瞻"。

·中国郑度、杨勤业、吴绍洪在《中国自然地理·总论》中阐述地理科学研究对象。认为地理学重点研究对象是人类生存环境中的地球陆地表层自然环境系统，或者称为自然地理环境系统，研究对象既可以是地貌、水文、气候、生物、土壤等某一种自然环境要素，也可以针对景观、土地等自然地理综合体，还可以是以冰冻圈、干旱环境这样的典型对象为目标的区域自然环境。

・中国郑度、杨勤业、吴绍洪在《中国自然地理总论》中阐述地理科学的研究核心，认为探索陆地表层自然要素与人文要素之间相互作用及其规律的时空格局是地理科学的核心。

・中国夏星辉、杨志峰、沈珍瑶、郭学军、陈静生"流域水沙条件对水质的影响过程及机理"获国家自然科学奖二等奖。

・中国秦大河、张建云、闪淳等《中国极端气候事件和灾害风险管理与适应国家评估报告》出版。

・中国杨文衡和杨勤业《中国地学史（古代卷）》出版。

・中国杨勤业和杨文衡《中国地学史（近现代卷）》出版。

・国家减灾委员会办公室、民政部救灾司、民政部国家减灾中心《2013年中国自然灾害图集》出版。

・中国丝绸之路经济带核心区域地图集编纂委员会（王晓国主编）《丝绸之路经济带核心区域地图集》出版。

・中国《澜沧江流域与大香格里拉地区科学考察综合研究》丛书开始陆续出版。这套丛书为中国科学技术部基础性工作专项"澜沧江中下游与大香格里拉地区科学考察"的科学成果。

・中国科学院南京地理与湖泊研究所《中国湖泊分布地图集》出版。

・中国王涛《中国北方沙漠与沙漠化图集》出版。

・中国陈发虎等发现和提出农业技术革命是促成史前人类大规模永久定居在青藏高原的主要原因，并进行系统阐述。

・中国周成虎在发表"全空间地理信息系统展望"。全文收入中国《新华文摘》并为封面标题文章。

・中国刘为东提出"包容性全球化"概念和理论，从全球化角度阐释"一带一路"倡议。

・中国国务院《全国地方志事业发展规划纲要（2015—2010年）》印发。

·中国科学院地理科学与资源研究所《中国环境变化遥感影像图集》出版。

·中国地理学与资源学专家自主发起成立国情与发展战略研究组。新成立的研究组包括中科院地理资源所、南京地理与湖泊所、新疆生态与地理所、成都山地灾害所、东北地理与农业生态所以及华东师范大学、西北师范大学、云南大学、北京大学、西北大学、北京师范大学、南京师范大学、云南师范大学、中山大学等高校地理或相关专业的研究人员，由中国科学院院士陆大道担任组长。

·国家自然科学基金"特大城市群地区城镇化与生态环境耦合机理及胁迫效应"重大项目获批。中国科学院地理科学与资源研究所方创琳主持。

·《中国气候公报（2014）》发布。

·世界193个国家共同签署《改变我们的未来：2030可持续发展》。提出17项可持续发展目标和169项具体目标。成为地理学研究内容之一。

·中国开始自然资源资产负债表试点工作。深远影响中国地理学发展。

·中国地理学会主办、中国地理学会青年工作委员会和全国地理学研究生联合会（GPUC）承办的电子期刊《地理学求索》创刊。刘毅、张国友、王铮、周尚义、柴彦威、曹广忠为顾问，刘云刚为主编，戴尔阜等为副主编。

·中国科学技术协会启动青年人才托举工程。"青年人才托举工程"项目由中国科学技术协会于2015年10月立项的国家级青年人才计划，择优支持中国科协所属全国学会或学会联合体具体实施。该项目采用以奖代补、稳定支持的方式，连续3年资助45万元，大力扶持有较大创新能力和发展潜力的32岁以下青年科技人才，帮助他们在创造力黄金时期作出突出业绩，成长为国家主要科技领域高层次领军人才和高水平创新团队的重要后备力量。之后中国地理学会制定《中国地理学会"青年人才托举工程"管理办法》并启动该工程，并推举出多位青年地理学人才入选。截至2020年，项目已执行5届。

·中国科学技术协会举办的中国科协年会（第十七届）在广州召开。会议主题为"创新驱动先行"。中国地理学会参加。

·英国皇家地理学会等开始为中低收入国家地理学工作者等提供学术写作方面课程培训。

·第十届"中日韩地理学国际研讨会暨第一届亚洲地理大会"在中国上海举行。

·中国科学院青藏高原研究所梁尔源、中国科学院地理科学与资源研究所裴韬、北京大学王喜龙、北京师范大学王开存等获国家杰出青年基金项目资助。

·中国地理学会与中山大学联合在广州举办"中国高校地理科学展示大赛"。之后，先后在武汉、开封、天津（长春和常德）举办三届大赛。

·中国设置湘江新区、江北新区、福州新区、滇中新区、哈尔滨新区。

## 公元2016年

·第33届国际地理大会在中国北京举行。大会主题是"构建我们的和谐世界"，目的是促进人类和国际社会对于人与自然和谐相处、尊重自然、尊重差异，尊重不同地域的科学与文化的理解，引导科技工作者深入开展对全球变化、未来地球和人类可持续发展的研究。来自全球101个国家和地区的5000多人参会。

·国际地理联合会地理教育委员会（IGU-CGE）中国委员会成立。该委员会由中国教育学会地理教育专业委员会组织建立。

·中国的二十四节气成为世界非物质文化遗产。

·中国教育部开始第四轮"学科评估"。这次的评估结果按"学科整体水平得分"的位次百分位，将前70%的学科分为9档公布。其中，前2%为A+，2%—5%为A，5%—10%为A-，10%—20%为B+，20%—30%为B，30%—40%为B-，40%—50%为C+，50%—60%为C，60%—70%为C-。北京大学、北京师范大学为A+，华东师范大学为 A，南京大学、南京师范大学、武汉大学为 A－。

·中国冰冻圈科学学会（CSCS）成立。学会机构设置在中国科学院西北生态资源环境研究院的冰冻圈科学国家重点实验室。

·国际地理联合会发布《2016 地理教育国际宪章》。当年中译本发表在《中学地理教学参考》。

·《中华人民共和国国民经济和社会发展第十三个五年（2016—2020 年）规划纲要》（以下简称《十三五规划纲要》）发布。提出和要求建立国家空间规划体系，以主体功能区规划为基础统筹各类空间性规划。地理学作出重大贡献，也因此获得重大发展机遇。

·《十三五规划纲要》发布。提出和要求建立美丽中国。

·中国科学家发起成立"'数字丝路'国际科学计划（DBAR）"。该计划将打造国内外对地观测卫星大数据平台，把科学成果应用在全球变化下生态环境监测、城市化监测、文化遗产监测、灾害监测等领域，为相关部门的决策过程提供战略支持。次年完成并发布由中国主持完成的《DBAR 科学规划书》。

·中国地理学会在陆大道倡议下召开了"变化大背景下我国人文与经济地理学发展高层论坛"。计划 2018 年出版《信息时代社会经济空间组织的变革》。

·国际科学理事会（ICSU）、国际社会科学理事会（ISSC）和国际地理联合会（IGU）等全球共识年（IYGU）计划启动仪式在德国耶拿举行。该计划源于全球可持续性研究，重点研究个人在改变自然环境中的作用。地理学是支持学科之一。周尚意是委员之一。

·中国安芷生、孙有斌、蔡演军、周卫健、沈吉"亚洲季风变迁与全球气候的联系"获国家自然科学奖二等奖。

·《自然·地球科学》发表"巨大的冰川施肥使南大洋海洋生产力增强"。该研究表明，巨型冰山可能在南大洋碳循环中发挥重要作用，南大洋海域 1/5 的固碳量与冰山融水有关，如果巨型冰山崩解融化继续加剧那么它对碳循环的作用将减弱。

·中国吴绍洪等发表"自然地理学综合研究理论与实践之继承与创

新"。

- 中国吴绍洪等在《科学通报》发表"1960—2011年中国陆地表层区域变动幅度与速率"。

- 中国《长江经济带发展规划纲要》印发。中共中央政治局讨论审定通过。深远影响地理学发展。

- 中国提出和施行五大战区。包括中国人民解放军东部战区、中国人民解放军南部战区、中国人民解放军西部战区、中国人民解放军北部战区、中国人民解放军中部战区。深远影响中国军事地理。

- 中国开始启动国家生态文明试验区工程。中共中央办公厅、国务院办公厅印发了《关于设立统一规范的国家生态文明试验区的意见》。福建、江西和贵州三省作为生态基础较好、资源环境承载能力较强的地区，被纳入首批统一规范的国家生态文明试验区，探索形成可在全国复制推广的成功经验。

- 中国刘卫东应邀参加中共中央推进"一带一路"建设工作座谈会。作为唯一专家向习近平总书记汇报"一带一路"研究及有关观点。

- 中国启动"国家精准扶贫工作成效第三方评估"工作。中国科学院是负责单位，中国科学院地理科学与资源研究所刘彦随为研究团队负责人。地理科学是最主要的支持学科，也促进了地理学的发展。

- 国际地理联合会成立"IGU农业地理与土地工程委员会"。中国刘彦随任委员会主席。秘书处设在中国。

- 俄罗斯政府宣布将人文科学基金会并入俄罗斯基础研究基金会，保留人文科学基金会专家委员会。

- 中国科学院地理科学与资源研究所编纂的《中国科学院地理所所志（1949—1999）》出版。为《中国科学院地理科学与资源研究所所志系列》之一。全面、准确、真实记录了地理研究所的发展过程。

- 中国樊杰等《中国人文与经济地理学者的学术探究和社会贡献》出版。该书集结了中国人文地理学多研究领域的领军人物，从中国人文地理学的主流学派、发展脉络与前景展望做了整体梳理。述评包括土地利用、农业区划、城市地理学、旅游地理学、点轴系统理论、主体功能区规划、资源环境承载力等领域的理论、历程及前瞻。

·中国冷疏影等著《地理科学三十年：从经典到前沿》出版。同时英文版由斯普林格和商务印书馆出版。

·中国张伟然等著《历史与现代的对接——中国历史地理学最新研究进展》出版。

·中国宋长青等著《土壤科学三十年：从经典到前沿》出版。

·中国《中国军事大百科全书》（第二版）出版。全书包含19个卷本、14个知识门类、近100个学科单元、3万余个条目、2万余幅图片、3600余万字。包括丰富军事地理知识。

·中国商务印书馆等开始出版"世界著名游记丛书"。至2018年已出版到第四辑。

·中国《退耕还林工程生态效益监测国家报告（2015）》正式发布。

·中国《中国气候公报（2015）》发布。

·中国第三届国家气候变化专家委员会成立。刘燕华任主任。

·中国安芷生当选美国国家科学院院士。

·中国清华大学成立地球系统科学系。

·中国肖超《翻译出版与学术传播：商务印书馆地理学译著出版史》出版。

·北京师范大学成立地理科学学部。部长傅伯杰，执行部长宋长青。源于1902年中国京师大学堂史地类。以地理学为主体，包含测绘科学与技术和安全科学与工程等多个相关学科，是世界地理学教学、科研和社会服务的重要基地。

·国家自然科学基金"中国冰冻圈服务功能形成机理与综合区划研究"重大项目获批。

·中国科学技术协会举办的中国科协年会（第十八届）在西安召开。会议主题为"创新发展·科技引领"。中国地理学会参加。

·中国北京大学刘瑜、南京师范大学袁林旺等获国家杰出青年基金项目资助。

·第十一届"中日韩地理学国家研讨会暨第二届亚洲地理大会"在

日本举行。

· 第 13 届国际地理奥林匹克竞赛在中国北京举行。

· 中国设置长春新区、赣江新区。

**公元 2017 年**

· 中国中共中央总书记、国家主席、中央军委主席习近平 8 月 19 日致信中国科学院青藏高原综合考察队，祝贺第二次青藏高原综合科学考察研究启动。贺信指出，青藏高原是世界屋脊、亚洲水塔，是地球第三极，是我国重要的生态安全屏障、战略资源储备基地，是中华民族特色文化的重要保护地。开展这次科学考察研究，揭示青藏高原环境变化机理，优化生态安全屏障体系，对推动青藏高原可持续发展、推进国家生态文明建设、促进全球生态环境保护将产生十分重要的影响。贺信提出，参加考察研究的全体科研专家、青年学生和保障人员发扬老一辈科学家艰苦奋斗、团结奋进、勇攀高峰的精神，聚焦水、生态、人类活动，着力解决青藏高原资源环境承载力、灾害风险、绿色发展途径等方面的问题，为守护好世界上最后一方净土、建设美丽的青藏高原作出新贡献，让青藏高原各族群众生活更加幸福安康。

· 中国第二次青藏高原综合科学考察研究启动大会 8 月 19 日在拉萨召开。中共中央政治局委员、国务院副总理刘延东在启动仪式上宣读了习近平的贺信，宣布第二次青藏高原综合科学考察研究启动。她指出，参加科考的单位和队员要深刻学习贯彻习近平总书记重要指示精神，弘扬优良传统，服务国家战略，系统开展科学考察，注重综合交叉研究，加强协同创新和国际科技合作，努力取得重大科研突破，为青藏高原经济社会发展和生态环境保护作出新贡献。

· 中国提出并开始施行乡村振兴战略。次年中共中央和国务院审议并印发《国家乡村振兴战略规划（2018—2022 年）》。中国刘彦随等参加规划编制咨询等工作。深远影响地理学特别是农业农村地理学发展。

· 中国启动第二次青藏高原综合科学考察。第二次青藏高原综合科学考察研究由中国科学院青藏高原研究所牵头，对青藏高原的水、生态、人类活动等环境问题进行考察研究，分析青藏高原环境变化对人类社会发展的影响，提出青藏高原生态安全屏障功能保护和第三极国家公园建设方案。首席科学家为中国科学院姚檀栋院士。

·中国科学院地理科学与资源研究所《中国科学院自然资源综合考察委员会会志（1956—1999）》出版。为《中国科学院地理科学与资源研究所所志系列》之一。

·国际地理联合会成立"面向未来地球的地理学：人地系统耦合与可持续发展委员会（IGU-GFE）"。中国傅伯杰任主席。该委员会秘书处设在中国。

·中国地理学会理事会党委成立。2017年3月，由中国科协科技社团党委正式批准成立中国地理学会理事会党委。第一届（2017.3—2018.12）书记傅伯杰，副书记张国友，委员有陈发虎、刘敏、薛德升。第二届（2018.12—2023.12）书记陈发虎，副书记张国友，委员有刘敏、薛德升、贺灿飞。

·中国傅伯杰等共同倡导发起"全球干旱生态系统国际大科学计划"。它的科学目标是制订一项涵盖全球干旱生态系统优先研究领域和关键科学问题的科学计划和执行计划，为干旱生态系统研究提供全球合作平台。计划的特色是在全球和区域尺度下把生态系统结构和功能的动态变化与生态系统服务、可持续管理和人类福祉密切结合起来。从方法上把遥感数据、生态系统监测数据、野外调查数据及案例研究结合起来，以期把研究和应用、研究和决策紧密结合。该计划提出后，得到美国、澳大利亚、欧洲地中海沿岸国家、非洲、中亚等全球主要干旱地区的国家和地区的积极响应。

·中国傅伯杰发表"地理学：从知识、科学到决策"。系统阐述地理学从知识到科学的决策根据。

·中国吴绍洪、潘韬、刘燕华等在《地理学报》发表"中国综合气候变化风险区划"。为应对气候变化和防灾减灾提供区域框架。

·中国张百平"中国南北过渡带科学考察"获批为中国科技部基础资源调查专项项目。拟研究10个科学问题。

- 中国李秀彬提出"人地关系空间网络系统"概念。后不断完善。
- 中国邵明安当选中国科学院院士。
- 中国夏军、刘昌明、莫兴国、王纲胜、占车生"流域径流形成与转化的非线性机理"获国家自然科学奖二等奖。
- 中国地理学会主办、南京大学承办的全国自然地理学大会在南京召开。大会以"变化背景下自然地理学新发展与新挑战"为主题,呼唤学科回归。
- 中国《中华人民共和国土地覆被地图集(1∶100万)》编委会编著《中华人民共和国土地覆被地图集(1∶100万)》(中、英文)出版。
- 联合国环境规划署发布《中国库布其生态财富评估报告》。
- 中国姚檀栋获"瑞典人类学和地理学会维加奖"。
- "一带一路"国际科学组织联盟(ANSO)成立。也称"一带一路"国际科学家联盟。中国孙九林任主席。ANSO秘书处设置在中国科学院青藏高原研究所。ANSO是在"一带一路"倡议下,由相关国家科研机构和国际组织于2018年11月4日在北京共同发起成立的综合性国际科技组织,其宗旨是:共建"一带一路"科技创新共同体,促进各国经济社会可持续、高质量发展;聚焦"一带一路"区域共性挑战和重大需求,促进各国科技创新政策沟通和战略对接,共同组织实施重大科技合作计划;推动科研创新能力平台的相互开放合作和创新资源、数据的开放共享;开展和促进创新人才联合培养,共同提升科技创新能力。
- 中国科学院精准扶贫评估研究中心团体负责人刘彦随于2017年10月18日应邀走进中央电视台新闻直播间"十九大时光"解读党的十九大报告中"精准扶贫、精准脱贫"部分。
- 《中国生态文明建设重大战略研究》(共9卷)出版。为2013年中国工程院、国家开发银行和清华大学共同组织开展的"生态文明建设若干战略问题研究"重大咨询项目的成果。
- 中国岳天祥等《地球表层系统模拟分析原理与方法》出版。
- 中国科技部批准项目"中国南北过渡带综合科学考察"。中国科学院地理科学与资源研究所牵头,陕西师范大学、兰州大学、河南大学和西北农林科技大学等20多个单位参加。

·中国刘彦随及团队在《自然》发表"振兴世界乡村"。为中国乡村振兴规划编制等提供科学支持。

·中国周尚意发表"四层一体：发掘传统乡村地方性的方法"。明确提出和系统阐述地方特性四层一体理论。其中，"四层"分别指自然层、生计层、制度层和精神层，"一体"指在开放系统中四层各要素在一地长期相互作用的复杂过程及其结果。

·中国国家自然科学基金委批准"文化地理学规范研究范式探究"项目。北京师范大学周尚意主持。

·中国地理学会主办、南京大学承办的全国自然地理学大会"资源环境情报分析与科学服务决策机制"专题会议在南京大学召开。

·中国地理学会获中国科学技术学会"全国科协系统先进集体"表彰。

·中华人民共和国国家标准《森林生态系统长期定位观测方法（GB/T33027—2016）》开始实施。

·中国国务院成立国家教材委员会。

·美国克拉伦斯·格拉肯《环境论的谱系》出版。

·中国秦大河、姚檀栋、丁永建等《冰冻圈科学概论》出版。

·中国周振鹤主编的《中国行政区划通史》（共18卷）出版。

·中国地理学会协办、中央电视台主办的《绿水青山看中国》大型生态文明主题节目开播。聚焦"山""水""林""田""湖""乡愁""丝路""美丽中国"等主题，提倡人地关系地域系统协调共生。

·中国地理学会和中国科学院地理科学与资源研究所开始施行"地理大数据百校传播"工程。中国科学技术协会2016年聘请刘闯为"中国世界地理科学传播首席专家"。

·中国科学技术协会举办的中国科协年会（第十九届）在长春召开。会议主题为"创新驱动·全面振兴"。中国地理学会参加。

·中国主持完成《DBAR科学规划书》（《"'数字丝路'国际科学计划"科学规划书》）正式向全球发布。该科学规划书论证研讨和编撰涉及来自 26 个国家和十余个国际组织的 300 余位专家。规划书明确了 DBAR 的愿景、目标及科学议程，为 DBAR 的实施确立了方向。DBAR 是利用地球大数据，服务于"一带一路"地区可持续发展的国际科学计划。这一为期十年的科学计划期望到 2025 年，在"一带一路"倡议框架内倡导把地球大数据应用于区域开发、环境保护和资源管理活动的设计和规划中。在实施过程中，将实现以下三个目标：一是解决制约"一带一路"沿线国家实现可持续发展目标的知识缺陷；二是推动先进的科学和决策支持服务，从庞大、多样和不断增长的地球大数据中提取有效信息；三是加强伙伴关系和科研网络体系内的能力建设和技术转让。

·中国青海师范大学成立地理科学学院。中国科学院院士、中国地理学会理事长傅伯杰研究员，中国地理学会副理事长、执行秘书长张国友研究员等应邀出席了揭牌仪式。

·中国科学院地理科学与资源研究所张扬建、葛咏等获国家杰出青年基金项目资助。

·中国北京发布"北京市脑卒中急救地图"。为医学地理学应用成果。

·第十二届"中日韩地理学国际研讨会暨第三届亚洲地理大会"在韩国济州举行。

·中国设置雄安新区。编制《河北雄安新区规划纲要》。

·中国《中国气候公报（2016）》发布。

## 公元2018年

·中国国家主席习近平发表"加强生态文明建设必须坚持的原则"。系统阐述人地共生思想和理论。深远影响地理学和地理学家关于人地关系论的研究与发展。

·中国国务院举行《青藏高原生态文明建设状况白皮书》发布会。地理学是主要支撑学科之一。中国郑度出席并阐述有关问题。

·中共中央、国务院发布《关于统一规划体系更好发挥国家发展规划战略导向作用的意见》。明确提出"国家规划体系"概念，阐明国土空间规划与发展规划之间的关系：建立以国家发展规划为统领，以空间规划为基础，以专项规划、区域规划为支撑，由国家、省、市县各级规划共同组成，定位准确、边界清晰、功能互补、统一衔接的国家规划体系。

·俄罗斯地理学会颁奖典礼12月7日在克里姆林宫举行。董事会主席普京总统和会长谢尔盖·绍伊古出席颁奖仪式并颁奖。

·中国国务院印发《积极牵头组织国际大科学计划和大科学工程方案》（以下简称《方案》）。积极提出并牵头组织国际大科学计划和大科学工程是党中央、国务院作出的重大决策部署。《方案》提出，到2020年培育3—5个项目，研究遴选并启动1—2个我国牵头组织的国际大科学计划和大科学工程。为落实该《方案》，科技部2019年在"战略性国际科技创新合作"重点专项中专门部署牵头组织国际大科学计划和大科学工程培育项目。

·著名期刊《自然》发表"Mate分析及其科学综述"。作者为美国石溪大学生态与进化系杰西卡·古列维奇、英国伦敦皇家霍洛威大学生物科学学院茱莉亚·科里切娃、澳大利亚新南威尔士大学生物地球和环境科学学院进化与生态研究中心中川信一、英国纽卡斯尔大学自然与环境科学学院加文·斯图尔特。该文强调"Mata分析是对研究结果定量、科学的综合，是循证实践的基础，在许多科学领域中都产生了革命性的影响"。循证社会科学方法将对地理学特别是地理学方法论产生重大而深远影响。

·俄罗斯总统下令编制新版世界地理地图集。4月27日向联邦国家登记地籍和制图局、俄罗斯地理学会下达命令，要求这两家机构和俄罗斯国防部进行合作，编制一部没有丝毫历史歪曲的新版世界地理地图集。

·中国孙鸿烈任总主编，吴国雄、郑度、滕吉文、苏纪兰任副总主编《地学大辞典》出版。为中国科学出版社《自然科学大辞典系列》之一卷。按大气科学、地理学、地质学、地球物理学、海洋科学等学科编辑排列，每个学科由总论和分支方向构成。

·中国的教育部、科技部、财政部、中国科学院、中国社会科学院、中国科学技术协会联合发布《教育部等六部门关于实施基础学科拔尖学生培养计划2.0的意见》。2020年启动"国家基础学科拔尖学生培养计划2.0基地"计划。包括地理学拔尖人才培养。

·中国《第四次气候变化国家评估报告》专家委员会第一次会议在北京举行。专家委员会主任徐冠华院士，专家委员会副主任、编写专家组组长刘燕华参事，专家委员会委员杜祥琬院士、孙鸿烈院士、丁一汇院士、吕达仁院士、王浩院士、张建云院士、潘家华研究员，编写专家组副组长黄晶研究员和葛全胜研究员，评估报告领衔专家、编写工作领导小组成员单位代表，以及编写工作办公室相关人员共计130余人参加了会议。

·中国科学院A类战略性先导科技专项"地球大数据科学工程（CASEarth）"立项。项目负责人郭华东。该专项项目总体目标是建成国际地球大数据科学中心，设置CASEarth科学工程总体、CASEarth小卫星、大数据云服务平台、数字"一带一路"、全景美丽中国、生物多样性与生态安全、三维信息海洋、时空三极环境、数字地球平台共9个项目。

·中国傅伯杰发表"新时代自然地理学发展的思考"。提出和阐述，自然地理学是研究地表人类生存环境中的自然环境的空间特征、演变过程及其地域分异规律的一门自然科学，是地理学的基础学科，也是地理学综合研究的基石。

·中国郭华东提出和阐述"美丽中国中脊带"科学概念。

·中国郭华东负责的咨询团队通过中国科学院向国家上报《破解"胡焕庸线"，缩小中国东西部发展不平衡问题》的报告。提出"承东启西、南北互济，构建'美丽中国中脊带'"等具体建议。

·国际地理联合会在加拿大魁北克召开区域会议。

·中国新华社全文发布《河北雄安新区规划纲要》。

·中国《汉语主题词表：自然科学卷第Ⅳ册天文学、测绘学、大气科学、海洋学、自然地理学》出版。

·中国傅伯杰当选国际地理联合会副主席。

·中国《信息时代社会经济空间组织的变革》出版。

·中国郑度发表"学科融合提升地理学综合研究水平"。

- 中国陆大道发表对中国雄安新区规划建设中的困难的几点分析。从综合地理学角度系统分析雄安新区规划建设中的自然地理、经济地理和人文地理以及综合地理问题。
- 中国郭华东在《自然》发表"构建数字思路"评论文章。文章分析了"一带一路"区域在环境变化、粮食安全、自然灾害、城镇化进程、世界遗产保护等方面面临的挑战，阐述了"一带一路"沿线国家存在的数据资源共享不足、发达国家与发展中国家数字鸿沟、能力发展不均衡，以及缺乏有效合作交流机制四方面问题。针对上述挑战，由郭华东任主席的 DBAR 国际科学计划，目标在于提高数据共享能力，监测生态环境变化，运用地球大数据支撑"一带一路"可持续发展，服务科学决策。
- 中国孙鸿烈发表和阐述"重大资源开发工程必须遵循自然规律"。论述地理工程要遵循地理规律。
- 中国郑度发表"不以伟大的自然规律为依据的人类计划只会带来灾难"，论述地理工程要遵循地理规律。
- 中国杨勤业等发表"质疑：'红旗河'调水功能的可行性"。论述"红旗河"调水工程要遵循地理规律。
- 中国陈发虎发表"资源重大工程建设必须遵循多重规律"。
- 中国夏军发表"重大资源利用工程要深入开展资源科学问题的调查研究"。
- 中国刘卫东团队提出和开始使用"中科连通性指数"。用于"一带一路"第三方评估。
- 中国自然资源学会组织资源环境热点问题研讨会。主要成果以孙鸿烈、郑度、夏军、陈发虎等多位专家署名"专家笔谈：资源环境热点问题"发表。
- 中国《自然资源学报》发表"专家笔谈：资源环境热点问题"。中国地理学家和资源科学家等从科学角度论述有关问题。孙鸿烈、郑度、夏军、陈发虎、成升魁、董锁成、闵庆文和李秀彬等发表和阐述了有关观点。
- 中国陈发虎当选中国地理学会第十二届理事会理事长。

·中国傅伯杰当选中国地理学会首届监事会监事长。

·中国地理学会成立"地理大数据工作委员会""自然灾害风险与综合减灾专业委员会""一带一路研究分会"。

·中国科学院倡议的"一带一路"国际科学组织联盟在中国北京成立。地理学是主要支持学科之一。

·中国"地域空间开发和功能区划研究"成果进入中国科学院改革开放四十年40项标志性科技成果。

·"中国生态系统研究网络"成果进入中国科学院改革开放四十年40项标志性科技成果。

·中国"青藏高原科学考察"成果进入中国科学院改革开放四十年40项标志性科技成果。

·中国第二次青藏高原综合科学考察研究首期成果评审会议召开。孙鸿烈主持。凝练提升形成了以重大科学发现和科学对策为主要内容的首期成果体系：一是揭开喜马拉雅造山带差异隆升历史，提出"走出西藏"和"高原枢纽"共存的生物演化模式；二是发现气候变暖变湿引起亚洲水塔的加速液化和失衡并伴生新灾巨灾频发；三是发现青藏高原暖湿化伴生生态系统趋好和潜在风险增加，青藏高原生态系统极为脆弱；四是提出色林错国家公园建设科学方案及第三极国家公园群建设建议。对第二次青藏科考将在后续工作中强化综合观测体系和能力建设、灾害风险评估预判，加大高寒生态系统保护与修复、第三极国家公园群和三江源区西藏区域等方面的科考工作，支撑青藏高原生态安全屏障优化体系建设，切实为地方经济社会发展作出新贡献。

·中国第二次青藏高原综合科学考察研究9月5日在拉萨发布了首期成果。由首席科学家姚檀栋院士发布。

·中国完成第三代国家地图集即"新世纪版《中华人民共和国国家大地图集》"系列中的《中华人民共和国国家普通地图集》《中华人民共和国国家区划地图集》《中华人民共和国国家经济地图集》《中华人民共和国国家影像地图集》《中华人民共和国国家水文与水资源地图集》。

·中国科学院地理科学与资源研究所《中国环境变化遥感影像图集》

出版。

· 中国《马克思主义大辞典》中"地理大发现""新航路开辟"词条中，明确指出这两个概念及术语实质上反映了欧洲中心主义观念。

· 世界地理信息大会（UNWGIC）在中国浙江德江召开。发布《莫干山宣言》。

· 中国陈发虎、陈建徽、李金豹、黄伟、靳立亚"亚洲中部干旱区多尺度气候环境变化的特征与机理"获中国国家自然科学奖二等奖。该成果是陈发虎领导的国家自然科学基金委"西部环境变化"国家创新群体的成果，通过开发和集成亚洲中部干旱区高质量气候环境代用记录，整合模拟结果、观测数据以及再分析资料，并与东部典型季风区同期气候环境变化综合对比，将季风—干旱环境作为一个整体来考虑，取得系统性原创成果，发现和提出并论证了"西风模态"。

· 中国方创琳团队关于美丽中国研究报告得到国家军委主席习近平的高度重视和实质性批示，由国家发改委等11部委具体落实，国务院专题会议研究提出意见和方案。

· 中国刘彦随获"2018年全国扶贫攻坚奖（创新奖）"。提出和构建"贫困化'孤岛效应'理论和工程扶贫模式"，创建多个扶贫示范基地。

· 中国刘彦随获发展中国家科学院颁发的2018年社会学领域的TWAS奖。当选发展中国家科学院院士。

· 国际科学理事会成立。由原国际科学理事会和原国际社会科学理事会合并组成。国际地理联合会曾是原国际科学理事会和原国际社会科学理事会的成员和积极参与者。

· 中国开始"前沿科学中心"建设工作。前沿科学中心是以前沿科学问题为牵引，开展前瞻性、战略性、前沿性基础研究的科技创新基地。中心要建设成为具有国际"领跑者"地位的创新中心和人才摇篮，成为我国在相关基础前沿领域最具代表性的学术高峰，实现前瞻性基础研究、引领性原创成果的重大突破，支撑一批学科率先建成世界一流学科，推动高等教育内涵式发展。

· "中国国情与发展论坛"第三届学术年会在中国科学院地理科学

与资源研究所召开。

· 中国开始"高等学校基础研究珠峰计划"工作。该计划核心任务是组建世界一流创新大团队、建设世界领先科研大平台、培育抢占制高点科技大项目、持续产出引领性原创大成果。

· 第四届亚洲地理大会在中国广州举行。中国地理学会等22个亚洲国家和地区地理学会的代表共同发起成立亚洲地理学会倡议。

· 亚洲地理学会在中国广州成立。亚洲地理学会是由亚洲国家和地区地理学会组织自愿组成的专业化区域性国际科技组织。目前拥有23个成员组织，包括中国、日本、韩国、蒙古、中国香港、中国澳门、印度、孟加拉、巴基斯坦、尼泊尔、斯里兰卡、土耳其、以色列、伊朗、越南、泰国、菲律宾、柬埔寨、印度尼西亚、哈萨克斯坦、吉尔吉斯斯坦、塔吉克斯坦和阿塞拜疆。秘书处设在中国科学院地理科学与资源研究所。

· 中国地理学会举办的"中国地理学大会"在西安召开，成为世界性地理大会。其前身为中国地理学会学术年会。

· 中国开展第四次全国经济普查。普查标准时间为2018年12月31日。

· 中国南京大学成立自然资源研究院。

· 中国汪品先等《地球系统与演变》出版。

· 中国侯仁之著、邓辉等译的《北平历史地理》中文版出版。该著作翻译自侯仁之1949年完成的英文版博士论文。侯仁之自称"我一生都在研究北京"。

· 中华人民共和国国家标准《森林生态系统长期定位观测指标体系（GB/T 35377—2017）》开始实施。

· 中国国家气候中心启动国家气候标志评定。

· "中国国情与发展论坛"在中国科学院地理科学与资源研究所成立。论坛学术委员会主任委员为秦大河，论坛组织委员会理事长为陆大道。该论坛由中国科学院学部工作局和中国科学院地理科学与资源研究所共同举办，以生态文明建设和实施可持续发展战略为基本宗旨，以探讨新时代国情与发展的关系为主线，客观分析我国国情，科学评估发展态势,服务国家宏观决策。论坛计划每年组织一次百人论坛,并针对国家重大发展战略等组织专题论坛。

• "中国国情与发展论坛"暨首届学术年会召开。该年会主题为"长江大保护与长江经济带的可持续发展"。来自中国科学院、国家发改委、自然资源部、北京大学、南京大学等机构的50位论坛成员参加了年会。秦大河阐述,自然科学作为经济社会发展的基础非常重要,出口是人文社会,自然科学和人文科学两方面专家坐在一起共同为中国国情和人类福祉做贡献。陆大道阐述,"中国国情与发展论坛"的基本理念是:根据资源环境的基本状况与人—地关系的基本特点,我国必须建设资源节约型社会与创新型社会;我国在世界上的地位日益重要,需要具有全球观念;我国实行社会主义市场经济体制,正在建成全面小康社会并很快进入建设现代化社会的发展阶段。

• 国际数字地球学会、中科院遥感地球所、中科院战略性先导科技专项"地球大数据科学工程"、中国科技出版传媒股份有限公司、英国泰勒弗朗西斯出版集团联合出版的国际学术刊物《地球大数据》创刊。首任主编为郭华东。

• 联合国政府间气候变化专门委员会(IPCC)开始编纂《第六次报告》。

• 《中国气候公报(2017)》发布。

• 中国科学院寒区旱区环境与工程研究所张明义等获国家杰出青年基金项目资助。

• 中国地理学会在天津召开科普工作会议。

• 中国科学技术协会举办的中国科协年会(第二十届)在杭州召开。会议主题为"改革开放·创新引领"。中国地理学会参加了。

• 第15届国际地理奥林匹克竞赛在加拿大魁北克举行。中国队获3金1铜成绩。

• 第十三届"中日韩地理学国际学术研讨会"在重庆举行。

• 中国地理学会主办"全民地理科普摄影大赛"。全称"映像·新知"全民地理科普摄影大赛。参赛者围绕"映像·新知"主题,拍摄反映国家地理风貌、奇特地理现象、科学进步与创新、颂扬或反思人与自然关系、反映日常生活中的地理现象、科普活动情景或身边的地理人等相关作品，拍摄内容和表现手法上富有创意，并为作品配上有关地理知识和照片故事的文字阐释。鼓励采取无人机航拍、水下摄影等体现科技创新的拍摄手法，让公众深入感受科技给生活带来的美好。大赛邀请地理专业人员、专业摄影人担任评审。大赛设一等奖、二等奖、三等奖及网络人气奖。向获奖者颁发证书。

### 公元2019年

·中国中共中央总书记、国家主席、中央军委主席习近平8月19日致信祝贺第一届国家公园论坛开幕。贺信指出，生态文明建设对人类文明发展进步具有十分重大的意义。近年来，中国坚持绿水青山就是金山银山的理念，坚持山水林田湖草系统治理，实行了国家公园体制。三江源国家公园就是中国第一个国家公园体制试点。中国实行国家公园体制，目的是保持自然生态系统的原真性和完整性，保护生物多样性，保护生态安全屏障，给子孙后代留下珍贵的自然资产。这是中国推进自然生态保护、建设美丽中国、促进人与自然和谐共生的一项重要举措。贺信强调，中国加强生态文明建设，既要紧密结合中国国情，又要广泛借鉴国外成功经验。希望本届论坛围绕"建立以国家公园为主体的自然保护地体系"这一主题，深入研讨、集思广益，为携手创造世界生态文明的美好未来、推动构建人类命运共同体作出贡献。

·中共中央总书记、国家主席、中央军委主席习近平在郑州主持召开黄河流域生态保护和高质量发展座谈会并发表重要讲话。他强调，要坚持绿水青山就是金山银山的理念，坚持生态优先、绿色发展，以水而定、量水而行，因地制宜、分类施策，上下游、干支流、左右岸统筹谋划，共同抓好大保护，协同推进大治理，着力加强生态保护治理、保障黄河长治久安、促进全流域高质量发展、改善人民群众生活、保护传承弘扬黄河文化，让黄河成为造福人民的幸福河。

·全球可持续发展目标（SDGs）至今只有大约45%的指标实现了既

有方法又有数据，约39%处于有方法无数据状态，约16%既无统一方法也无数据。

· "中国科技期刊卓越行动计划"启动。中国科协、财政部、教育部、科学技术部、国家新闻出版署、中国科学院、中国工程院联合下发通知，启动实施中国科技期刊卓越行动计划。该计划以5年为周期，将面向全国科技期刊系统构建支持体系，是迄今为止我国在科技期刊领域实施的力度最大、资金最多、范围最广的重大支持专项。

· "2019年可持续发展论坛"在中国北京举行。国家主席习近平、联合国秘书长古特雷斯分别致贺信。

· 中国于贵瑞当选中国科学院院士。

· 中国朱永官当选中国科学院院士。

· 中国郭华东主编《地球大数据支撑可持续发展目标报告（2019）》中英文版同时出版。被列为中国政府参加第74届联合国大会的四个文件之一和参加联合国可持续发展峰会的两个文件之一。

· 俄罗斯联邦总统普京批准通过了一系列推广地理学的指令。包括计划设立"地理学家日""俄罗斯联邦杰出地理学家"荣誉称号、制定"地理学家职业标准"、采取一系列措施提高中小学地理教学质量、把地理学纳入更多高校更多专业的入学考试科目中。这一系列指令增强了社会公众对地理知识的需求和重视程度。

· 俄罗斯政府正式设立"俄罗斯联邦杰出地理学家"荣誉称号。该荣誉称号是授予那些在地理及相关行业从业20年以上，在地理学领域已经取得过资深专家地位的奖励认证，以及在地理发现、地理科学考察与研究、编写地理学典籍、地图与地理科普书籍、参与旨在推进国家生产力部署的国家战略政策的制定与实施、推广俄罗斯联邦地理学的成就、培养地理专业人才等方面和领域取得新突破和重大成就的科学家。

· 俄罗斯地理学会董事长普京总统和理事长谢尔盖·绍伊古4月23日主持第11届俄罗斯地理学会理事会议，并向副理事长颁发金质奖章。

· "中国国情与发展论坛"第二届学术年会在中国地质大学召开。

· 中国外交部认为："《地球大数据支撑可持续发展目标报告

（2019）》展示了中国利用地球大数据技术支持2030年议程落实和政策决策的探索和实践，揭示了有关技术和方法对监测评估可持续发展目标的应用价值和前景，为国际社会填补数据和方法论空白、加速落实2030年议程提供了新视角、新支撑。"

·中国陈发虎、傅伯杰、夏军等在《中国科学：地球科学》发表"近70年来中国自然地理与生存环境基础研究的重要进展"。提出和阐述，自然地理学是研究地表人类生存环境中的自然环境的空间特征、演变过程及其地域分异规律的一门自然科学，是地理学的基础学科，也是地理学综合研究的基石。

·中国蔡运龙在《综合自然地理学》中明确提出和系统阐述了地理学的关键概念。包括人地关系、环境变化、全球化、发展、空间、时间、区域和地方、尺度、系统、景观、风险。

·中国吴绍洪等发表"'一带一路'陆域自然地域系统"。为应对气候变化和防灾减灾提供区域框架。

·国际第一届国家公园论坛在中国西宁市举行。中国国家林业和草原局（国家公园管理局）、青海省人民政府主办。涉及以国家公园为主体的自然保护地体系建设与管理、自然保护地社区发展与全民共享、生物多样性保护、自然遗产地的未来等主题。

·中国地理学会、中国科学院地理科学与资源研究所和中国科学院青藏高原研究所联合举办"2019年中国地理学大会暨中国地理学会成立110周年纪念活动"。21个亚洲国家和地区地理学会主席或代表以及英国、美国、加拿大、南非、比利时、荷兰的专家学者等3000人出席大会。傅伯杰院士主持，陈发虎院士致开幕词。

·俄罗斯地理学会9—11月对从事地理学相关工作人员进行调查，在专业人群中征集对地理学家职业认证标准草案的建议。计划2020年秋正式提交地理学家职业认证标准草案。根据总统指示，该职业标准须在2020年12月1日获得俄罗斯联邦劳动和社会保障部的批准。

·中国傅伯杰获欧洲地球科学联合会（EGU）洪堡奖章。

·国际小行星委员会命名"侯仁之星"。

・中国陈发虎等在《自然》杂志发表文章称在海拔 3280 米的青藏高原东北部甘肃省夏河县白崖溶洞发现丹尼索瓦人下颌骨化石。这一成果表明青藏高原史前人类最早活动时间为距今 16 万年前。

・中国陈发虎等同完成的夏河丹尼索瓦人研究成果入选《科学》2019 年十大新闻。

・中国地理学会理事长陈发虎院士在"2019 年中国地理学大会暨中国地理学会成立 110 周年纪念活动"上作主题报告《中国地理学会发展与中国地理科学研究》。

・中国樊杰、史培军在第一届国家公园论坛分别发表主题演讲。题目分别是"青藏第二次科考和地球第三极国家公园建设"与"建立青藏高原国家公园群和发展大生态产业的思考和建议"。

・中国陆大道阐述地理综合方法论。

・中国陆大道阐述自然地理环境对人类活动有重要影响的人地关系思想。

・《中国气候公报（2018）》发布。

・中国陆大道就国家"十四五"规划编制发表"国家发展大转型与'十四五'规划编制的若干思考"。

・中国傅伯杰等提出和阐述分类实现全球可持续发展目标途径。

・中国国家自然科学基金委员会举办论坛"人地系统耦合机理与区域可持续发展模拟"。

・中国傅伯杰等阐述"人地系统动力学与区域可持续发展"。

・中国傅伯杰当选美国人文与科学院外籍院士。

・中国李召良、唐伯惠、唐荣林、周成虎、吴骅"地表水热关键参数红外遥感反演理论与方法"获中国国家自然科学奖二等奖。

・中国科学院《关于中国国土开发与可持续发展的报告》出版。为国家科学思想科学库系列著作之一，是中国陆大道自 20 世纪八九十年代以来主持并起草的咨询报告及建议的汇总合集。

・中国工程院"国家生态文明建设指标体系研究与评估"课题组《国家生态文明建设指标体系研究与评估》出版。

- 中国工程院"我国资源环境承载力与社会经济发展布局战略研究"课题组《我国资源环境承载力与社会经济发展布局战略研究》出版。
- 中国丁永建主编、效存德副主编《冰冻圈变化及其影响研究》系统著作（共9卷）出版。为"十三五国家重点出版物出版规划项目"。
- 中国全国科学技术名词审定委员会《中华科学技术大辞典》之《地学卷》出版。
- 中国地理学会和中国科学院地理科学与资源研究所举行"地理学综合研究学术研讨会——纪念赵松乔先生诞辰100周年"。《赵松乔先生百年诞辰纪念文集》出版。
- 中美俄三国地理学会负责人齐聚中国科协年会，谋划地理学发展。中国地理学会理事长陈发虎院士、美国地理学家协会主席雪莉·比奇教授、俄罗斯地理学会副会长彼得·巴克拉诺夫院士就地理学发展展开讨论。
- 美国地理学家协会主席雪莉·比奇教授在中国科协年会上作"美国地理学家协会：如何在21世纪为社会和环境服务"报告。
- 美国地理学家协会（AAG）至今拥有个人会员13000多人。按研究领域划分为若干工作组，按地域划分为若干区域分会。
- 中国地理学会至今拥有个人会员14000多人、团体会员31个、分支机构48个、区域代表处7个。
- 中国拥有地理学专业的高校319所。其中，北京联合大学、中国地质大学、华东师范大学等部分高校拥有两个及以上学院拥有地理学专业。
- 中国拥有地理学博士或硕士授权点的高校85所，拥有地理学博士学位授权点的高校33所。
- 中国的中国地质大学、北京师范大学、华南师范大学、华东师范大学、中山大学等约40所高校设置了地理科学类中的全部四个本科专业。
- 中国地理学大会在中国北京举行。
- 第一届中国生物地理学大会在中国北京举行。
- 中国国家自然科学基金委员会地球科学部提出和实施"杰青""优

青"等人才项目的基础科学研究评价的四个维度：方法学创新维度、关键科学证据维度、理论认知或社会需求、学科发展。其中，方法学创新主要考察是否创立了原创性的科学研究方法，可被用来解决重要的科学问题；关键科学证据主要考察是否为重要科学问题的解决提供了新的、关键的、可靠的证据；理论认识或社会需求主要考察是否对所在学科的认知体系或对解决社会需求背后的基础科学问题有实质贡献；学科发展主要考察是否可以导致领域研究方向、范畴、视野视角的变革或者领域认知体系的显著进步，从而促进学科发展。

·亚洲地理学会（AGA）第一届执行委员会成立。中国秦大河当选主席，日本、印度、土耳其、越南、哈萨克斯坦、韩国的地理学家当选副主席，中国张萱子当选秘书兼司库。

·"一带一路"国际科学组织联盟发布《建立"一带一路"国际科学家联盟倡议书》。

·中国国家对地观测科学数据中心成立。依托单位是中国科学院遥感与数字地球研究所。

·中国国家极地科学数据中心成立。依托单位是中国极地研究中心。

·国家青藏高原科学数据中心成立。依托单位是中国科学院青藏高原研究所。

·中国国家生态科学数据中心成立。依托单位是中国科学院地理科学与资源研究所。

·中国国家冰川冻土沙漠科学数据中心成立。依托单位是中国科学院寒区旱区环境与工程研究所。

·中国国家地球系统科学数据中心成立。依托单位是中国科学院地理科学与资源研究所。中心按照"圈层系统—学科分类—典型区域"多层次开展数据资源的自主加工与整合集成，已建成涵盖大气圈、水圈、冰冻圈、岩石圈、陆地表层、海洋以及外层空间的18个一级学科的学科面广、多时空尺度、综合性国内规模最大的地球系统科学数据库群，建立了面向全球变化及应对、生态修复与环境保护、重大自然灾害监测与防范、自然资源（水、土、气、生、矿产、能源等）开发利用、地球观测与导航等多学科领域主题数据库 100 余个。

·中国国家气象科学数据中心成立。依托单位是国家气象信息中心。

·中国国家农业科学数据中心成立。依托单位是中国农业科学院农业信息研究所。

·中国国家林业和草原科学数据中心成立。依托单位是中国林业科学研究院资源信息研究所。

·中国国家地震科学数据中心成立。依托单位是中国地震台网中心。

·中国国家海洋科学数据中心成立。依托单位是国家海洋信息中心。

·中国科学院初步建成墨脱海拔 800—4300 米、平均间隔约 300 米的垂直气候观测体系。

·亚马孙森林发生严重火灾。巴西不合理经济活动是主要原因。

·中国地理学界截至 2019 年有两院院士（中国科学院院士 38 位和中国工程院院士 6 位）44 位。

·中国地理学家（2019 年统计）吴传钧（1988—1996 年）、刘昌明（2000—2008 年）、秦大河（2008—2014 年）、周成虎（2014—2018 年）、傅伯杰（2018—2022 年）担任国际地理联合会（IGU）副主席。

·中国国家自然科学基金委员会批准"中国地理学年表研编"面上项目。

·中国潘玉君《地理学思想史——通论和年表》出版。包括导论：地理学思想史研究、地理学通史：世界、地理学通史：中国、地理学年表（按世纪和年代）、非职业地理学家的地理学贡献等。

·联合国设立"土著语言国际年"。关注土著语言问题。为语言地理学提出任务。

·国家自然科学基金"全球化背景下城市移民的人地互动与地方协商研究"重点项目获批。朱弘主持。

·中国海洋大学"深海圈层与地球系统前沿科学中心"获批建设。该中心整合海洋高等研究院和四个教育部重点实验室的优势资源和力量，依托海洋一流学科，发挥大气、地质、化学、生物、信息等多学科综合优势，汇聚该领域高水平人才团队，聚焦深海能量物质循环及其气候效应、海底圈层耦合与板块俯冲、深海极端环境下的生命过程三大关键科学问题，以深海观测、探测、模拟以及大数据技术为支撑，率先切入深海战略要地，进行跨学科交叉融合研究，大胆开展"非共识项目"和"无人区"问题的探索，着力提升深海多圈层相互作用和地球系统科学研究原始创新能力，力争在深海圈层与地球系统重大前沿领域、国家深海战略和"一带一路"倡议的科技创新与服务支撑能力方面发挥引领作用。

・中国科学技术协会举办的中国科协年会（第二十一届）在哈尔滨及其周边城市召开。会议主题为"改革开放・创新驱动——科技助力新时代东北全面振兴"。中国地理学会参加。

・中国科学院 A 类战略性先导科技专项"美丽中国生态文明建设科技工程"立项并开始实施。中国科学院地理科学与资源研究所为牵头单位，葛全胜为负责人。

・中国国家城乡融合发展试验区启动。国家发展改革委、中央农村工作领导小组办公室、农业农村部、公安部等 18 个部门联合印发《国家城乡融合发展试验区改革方案》，并公布 11 个国家城乡融合发展试验区名单，分别是：浙江嘉湖片区、福建福州东部片区、广东广清接合片区、江苏宁锡常接合片区、山东济青局部片区、河南许昌、江西鹰潭、四川成都西部片区、重庆西部片区、陕西西咸接合片区、吉林长吉接合片区。

・中国兰州大学成立"黄河流域绿色发展研究院""敦煌与西域文明研究院"。

・中国郑州大学成立"黄河生态保护与区域协调发展研究院"。

・中国华北水利水电大学成立"黄河流域生态保护和高质量发展研究院"。

・中国国家自然科学基金委批准"发现计划地理研学夏令营"项目。

・中国北京大学赵鹏军、北京师范大学张立强、天津大学李思亮、南京大学袁增伟、青藏高原研究所王小萍、科学院生态环境研究中心郑华等获国家杰出青年基金项目资助。

・第 16 届国际地理奥林匹克竞赛（开始于 1996 年）7 月 30 日至 8 月 5 日在中国香港举行。由中国地理学会派出的中国（大陆）代表队与来自42个国家和地区的165名选手参加。中国（大陆）代表队取得一金一铜的优异成绩。

## 第三节 地理学年表:公元2020年至今

**公元2020年**

· 中国国家主席习近平《习近平谈治国理政》第三卷出版。其中包括促进人与自然和谐发展、携手共建人类命运共同体、推动共建"一带一路"走深走实等与地理科学有密切关系并作为促进地理学理论研究和学科发展的篇章。

· 中国中共中央全面深化改革委员会审议通过《全国重要生态系统保护和修复重大工程总体规划（2021—2035）》。这一规划是地理工程国家规划。会议指出：推进生态保护和修复工作，要坚持新发展理念，统筹山水林田湖草一体化保护和修复，科学布局全国重要生态系统保护和修复重大工程，从自然生态系统演替规律和内在机理出发，统筹兼顾、整体实施，着力提高生态系统自我修复能力，增强生态系统稳定性，促进自然生态系统质量的整体改善和生态产品供给能力的全面增强。

· 中国中共中央全面深化改革委员会审议通过《全国重要生态系统保护和修复重大工程总体规划（2021—2035）》确立"荒漠"作为陆地四大自然生态系统之一的重要地位。

· 中国中共中央政治局审议通过《黄河流域生态保护和高质量发展总体规划》。这一规划是地理工程国家规划。会议强调：贯彻新发展理念，遵循自然规律和客观规律，统筹推进"山水林田湖草沙"综合治理、系统治理、源头治理，改善黄河流域生态环境，优化水资源配置，促进全流域高质量发展，改善人民群众生活，保护传承弘扬黄河文化，让黄河成为造福人民的幸福黄河。

· 俄罗斯联邦政府通过决议，在国家范围内正式设立每年8月18日为行业性节日"地理学家日"。这一天是1845年8月18日俄罗斯地理学会成立纪念日。

・联合国发布《2020年可持续发展目标进展报告》。报告包括消除世界各地各种形式的贫困，消除饥饿、实现粮食安全和改善营养、促进科持续农业，确保所有年龄段所有人的健康生活并促进福祉，确保包容性和公平的素质教育并为所有人提供终身学习机会，实现性别平等并赋予所有妇女和女孩权力，确保所有人用水和卫生设施的可用性和可持续管理，确保所有人获得负担得起、可靠、可持续和现代化的能源，促进、包容和可持续的经济增长、充分就业和生产性就业以及人人享有体面工作，建设有弹性的基础设施、促进包容性和可持续工业化及创新，减少国家内部和国家之间的不平等，使城市和人类住区有包容性安全性弹性可持续性，确保可持续消费和生产模式，采取紧急行动应对气候变化及其影响，保护和持续利用海洋资源促进可持续发展，保护恢复和促进陆地生态系统的可持续利用、可持续森林管理、防止荒漠化、制止和扭转土地退化、制止生物多样性丧失，促进和平和包容性社会、促进社会可持续发展、为所有人提供诉诸司法的机会并在各级建立有效负责和包容性的机构，加强执行手段、振兴全球可持续发展伙伴关系17个方面，阐述了其所存在的主要问题和今后任务，为地理研究提出要求。

・联合国发布《2020亚太地区可持续发展目标进度报告》。报告表示，亚太地区急需在实现可持续发展目标领域加快进展，扭转当前的不良态势，尤其必须减少对环境资源的大肆消耗和破坏。为地理研究提出要求。

・中国地理学会入选世界一流学会。中国科学学与科技政策研究会完成的《世界一流科技社团评价报告》表明，中国地理学会位于全球一流学会排名第84位，中国科技社团排名第9位，全球基础理科学会排名第24位，全球中等规模学会排名第38位。

・中国地理学会开始施行会士制度。11月29日，"首届中国地理学会会士授予仪式暨地理科学前沿论坛"在北京举行。徐冠华院士等22位科学家当选为中国地理学会会士，孙鸿烈院士等20位科学家当选为中国地理学会荣誉会士。中国地理学会理事长陈发虎、副理事长张国友向当选会士和荣誉会士颁授证牌。中国地理科学领域两院院士、全国主要地理机构负责人和学界著名专家学者60多人应邀参加颁授仪式，共同见证这一重要历史时刻。

・国际"一带一路"减贫与发展联盟（APRD）成立。由"一带一路"国际科学组织（ANSO）批准成立。该联盟由中国科学院地理科学与资源研究所、中国科学院精准扶贫评估研究中心联合发展中国家科学院、波兰科学院农村与农业发展研究所、新西兰奥克兰大学、匈牙利科学院太空与地球科学研究所等"一带一路"地区14家科研机构与政府组织共同发起成立。联盟旨在开展"一带一路"地区减贫与发展的国际合作研究与技术研发，推进中国与"一带一路"沿线国家的扶贫开发经验和模式共享，开展科技扶贫交流与培训，探索建设"中国—南亚东南亚"跨境减贫与发展示范区、"中国—中亚西亚"国家减贫与发展联盟基地，打造"一带一路"国际减贫与发展合作新模式。

・中国陈发虎和张国友发表"中国地理学会110年发展历程"。

・中国陆大道在中国区域经济50人论坛专题"西部大开发：新时期新格局"上，明确提出和阐述了中国的三大自然区和三大地势阶梯对中国社会经济发展的不平衡性有重要作用。

・中国傅伯杰等从分类、统筹、协作三个方面提出推进整体实现联合国2015年通过的《改变我们的世界：2030年可持续发展议程》所确定的可持续发展目标（SDGs）的系统路径。

・中国陈发虎、吴绍洪、崔鹏、蔡运龙等在《地理学报》发表"1949—2019年中国自然地理学与生存环境应用研究进展"。自然地理学是一门以基础研究见长的自然科学，其研究对象是与人类生存和发展密切相关的自然环境。中国的自然环境复杂多样，自然地理学家根据国家需求和区域发展在应用基础和应用研究方面同样取得显著成效，为国家重大经济建设、社会发展的规划，宏观生态系统与资源环境保护及区域可持续发展作出了重要贡献。本文总结了1949—2019年中国自然地理学在自然环境区域差异与自然区划、土地利用与覆被变化、自然灾害致灾因子和风险防控、荒漠化过程与防治、黄淮海中低产田改造、冻土区工程建设、地球化学元素异常和地方病防治、自然地理要素定位观测、地理空间分异性识别和地理探测器等方面的实践与应用，指出了未来自然地理学的应用研究方向。

·中国科学院和中国工程院院士投票评选出"2019年中国、世界十大科技进展新闻"揭晓。

·中国科学院陈发虎院士等带领团队的"发现16万年前丹妮索瓦人下颌骨化石"入选"2019年中国十大科技进展新闻"。

·中国安芷生因"创建环境变化的季风控制论，开辟了第四纪科学与全球变化相融合的研究方向"而获陕西省最高科学技术奖。

·中国地理学会科技志愿服务团队走进宁夏盐池县。由中国地理学会党委副书记、副理事长兼秘书长张国友，学会党委委员、副理事长、中山大学地理科学与规划学院院长薛德升，学会理事、宁夏大学资源环境学院教授、原院长米文宝，学会理事、宁夏大学资源环境学院教授、副院长文琦，宁夏地理学会理事长、宁夏大学资源环境学院教授李陇堂，中国地理学会副秘书长、中科院地理资源所副编审王岱，中国地理学会党委秘书、中科院地理资源所副编审于信芳，中国地理学会农业地理与乡村发展专业委员会秘书长、中科院地理资源所副研究员李裕瑞等9人组成的中国地理学会科技志愿服务团队走进宁夏盐池县，举办了盐池县脱贫攻坚与乡村振兴调研与咨询服务。盐池县委常委、宣传部长马丽红一行迎接并全程陪同调研。

·世界许多国家发生新冠病毒疫害。中国地理学家团队进行研究并完成有关成果。

·中国科学院周成虎院士团队运用地理信息科学技术和地理学原理研究新型冠状病毒性肺炎空时格局，为国家有关部门提供咨询报告。

·中国地理学会第一时间报道中国地理学家研究新型冠状病毒性肺炎空时格局并为国家有关部门提供咨询报告的科学时讯。

·中国地理学家和地理工作者建立新型冠状病毒性肺炎空时运动学模型。

·中国地理学家提出要遵循地理万能因子方程建立新型冠状病毒性肺炎空时预警动力学模型的科学思想。

·中国"美丽中国生态文明建设科技工程"第三方评估中心在中国

科学院地理科学与资源研究所建立。葛全胜为首席科学家。

·中国"国家精准扶贫工作成效第三方评估"专家团队负责人刘彦随组织开发"全国基层组织新冠肺炎疫情动态监测系统"。

·中国抗击新冠病毒期间,"国家精准扶贫工作成效第三方评估"专家团队继续开展工作。

·中国国家自然资源部聘请"国家自然资源监察专员"。有 27 位专员。

·联合国教科文组织等《联合国世界水发展报告》出版。报告提出,要减少气候变化的影响和驱动因素,就需要人类改变使用地球有限的水资源的方式。

·联合国教科文组织等通过《洛斯皮诺斯宣言》。该宣言旨在激励各方为"联合国土著语言十年(2022—2032)"制订全球行动计划等作出贡献,表示土著语言维系着人与自然和谐共处的古老智慧。为地理学特别是语言地理学发展提出任务。

·联合国教科文组织表示现有数据显示,全球 7000 多种语言中至少有 40% 处于某种程度的濒危状态。

·联合国教科文组织计划年内编制出几乎涵盖人类所有语言的《语言地图册》。

·联合国各国议会联盟年度听证会召开。会议主题为"教育是实现和平与可持续发展的关键:朝着落实可持续发展目标迈进"。是地理学特别是教育地理学研究的空间和任务。

·中国科学院地理科学与资源研究所召开所史研讨会暨所史馆开馆。

·中国启动"强基计划"。全称"基础学科招生改革试点"。"强基计划"即高校开展基础学科招生计划,主要选拔培养有志于服务国家重大战略需求且综合素质优秀或基础学科拔尖的学生。

·联合国人权专家提出,必须让土著人和少数民族儿童用自己的母语学习。是地理学特别是民族地理学和语言地理学研究的空间和任务。

·中国国家自然科学基金委地学部开展地理学科分类及代码优化工作。

- 中国地理学会举办地理科学十大经典读本评选活动。次年评选出《地理学思想史》《地理学思想经典解读》等。

- 中国地理学会和教育部高等学校地理科学类专业教育指导委员会联合举办"2020年地理科学学科发展与高校地理学院院长论坛"。会议采用线上视频会议形式召开。中国地理学会副理事长、教育部高校地理科学类专业教学指导委员会副主任鹿化煜教授和中国地理学会副理事长兼秘书长张国友研究员主持。

- 中国地理学会理事长陈发虎院士在"2020年地理科学学科发展与高校地理学院院长论坛"作主旨报告"'十四五'地理学科发展规划"。

- 中国地理学会副理事长、教育部高校地理科学类专业教学指导委员会主任贺灿飞教授在"2020年地理科学学科发展与高校地理学院院长论坛"作主旨报告"新一轮学科评估准备与地理学发展"。

- 中国科学院地理科学与资源研究所樊杰研究员在"2020年地理科学学科发展与高校地理学院院长论坛"作"人文地理学发展战略"报告。

- 中国南京师范大学闾国年教授在"2020年地理科学学科发展与高校地理学院院长论坛"作"信息地理学发展思考"报告。

- 中国住房与城乡建设部启动"第三方城市体检"工作。地理学提供支持,也获得发展机会。

- 中国清华大学中国城市研究院、中国科学院地理科学与资源研究所、中国城市规划研究院、中国城市规划协会等单位制定服务于"第三方城市体检"的《2020年城市体验指标体系》。该指标体系包括生态宜居、健康舒适、安全韧性、交通便捷、风貌特色、整洁有序、多元包容和创新能力,其下有50个指标项。

- 《自然·通讯》杂志发表"调和不同的审视经济复杂性的视角"。该文提出和阐释了国家尺度经济发展水平的新标准新算法,预测世界经济重心将向东方移动。将对世界经济地理和区域经济地理产生影响。

- 中国科学院周成虎团队在《自然·通讯》发表关于中国水质性缺水方面研究论文。

- 中国张帅、张继峰在《科学通报》发表"青藏高原'最大湖泊时期'的时空复杂性"。发现和提出"青藏高原最大湖泊时期的时空复杂性"。

·中国"国家基础学科拔尖学生培养计划2.0基地"建设启动。北京师范大学地理学获批。

·中国全国科学技术名词审定委员会《城乡规划学名词》出版。吴良镛为顾问，邹德慈为主任，崔愷、王瑞珠、叶嘉安为副主任，崔功豪、胡序威、周一星、樊杰等为委员。

·中国方创琳主编《中国城市群地图集》出版。该地图集从自然基础、战略地位、人口与城镇化、经济发展、社会发展、空间格局、发育程度、环境污染与减排等方面，采用遥感、GIS和大数据等先进制图手段，详细记述了不同规模、不同类型城市群形成发育的自然变化过程和人文变化过程。制图数据翔实，设计框架科学，技术结构合理，具有可读性与实用性；同时，大量的城市群地图是首次发布，具有创新性。该图集对推动我国城市群的健康发展和各类城市群规划的顺利实施具有重要意义，对世界城市群的发展也提供了有益借鉴。

·中国农业农村部发布《全国乡村产业发展规划（2020—2025年）》。

·中国科学技术协会举办的中国科协年会（第二十二届）在青岛召开。会议主题为"改革开放·创新引领——科技赋能合作发展"。中国地理学会参加并主持区域协调发展论坛。

·中国陈昊受聘担任国际地理联合会地理系统建模委员会（CMGS）主席。

·中国闾国年、王劲峰、李新、关美宝受聘担任国际地理联合会地理系统建模委员会（MGS）荣誉顾问委员。

·中国贺灿飞受聘担任国际地理联合会经济空间动态委员会（DES）执行委员，受聘担任国际著名期刊《经济地理》编委。

·中国龙花楼受聘担任国际地理联合会乡村系统可持续性委员会（CSRS）执行委员。

·中国刘云刚开始担任国际地理联合会政治地理委员会（CPG）委

员、《地缘政治学》期刊编委。为中国学者首次受聘。

·中国赵鹏军受聘担任国际地理联合会交通地理委员会执行委员会副主席。

·中国王卷乐受聘担任国际科学理事会世界数据系统（WDS）科学委员会委员。

·中国《云南大百科全书》之《地理》卷出版。主编为骆华松、潘玉君、吴国润。云南省委省政府2010年决定编纂《云南大百科全书》，其中包括《地理·生态》卷（上、下），吴国润、潘玉君、高正文为主编。之后，《地理·生态》卷（上、下）分为《地理》卷和《生态》卷。

·中国孙俊、潘玉君等《中国高校地理学系概览1912—1949》出版。

·第五届全国地图学理论与方法研讨会2020年12月5—6日在武汉召开。本次研讨会由武汉大学、中国测绘学会地图学与地理信息系统专业委员会、中国地理信息产业协会地图工作委员会、中国地理学会地图学与地理信息系统专业委员会、中国自然资源学会资源制图专业委员会主办，由武汉大学资源与环境科学学院、地理信息系统教育部重点实验室和自然资源部数字制图与国土信息应用重点实验室承办。

·中国华东师范大学成立"世界地理与地缘战略研究中心"。秦大河院士担任中心主任，杜德斌担任常务副主任。该中心旨在对事关国家发展的全球性和区域性地理问题及大国地缘关系和地缘战略问题进行前瞻性和系统性研究，致力于构建体现中国智慧、中国风范和中国气派的世界地理学理论体系，为中央和地方重大战略决策及时提供智力支持。

·中国地理学会代表团应邀访问宁夏大学资源环境学院，与宁夏大学共同举办了"黄河流域生态保护与高质量发展先行区暨学科建设研讨会"。由中国地理学会党委副书记、副理事长兼秘书长张国友，学会党委委员、副理事长、中山大学地理科学与规划学院院长薛德升，学会党委委员、副理事长、华东师范大学地理科学学院院长刘敏，学会副秘书长、《地理学报》副主编、编辑部主任何书金，商务印书馆总经理李平，学会副秘书长、《地理研究》责任编辑王岱，学会党委秘书、《地理学报（英文版）》责任编辑于信芳等7人组成的中国地理学会代表团应邀访问了宁夏大学资源环境学院，与宁夏大学共同举办了"黄河流域生态保护与高质量发展先行区暨学科建设研讨会"，并邀请了中国自然资源学会理事长成升魁、副理事长沈镭一行出席会议。

· 中国教育部公布首批国家一流课程。自然地理学、人文地理学、经济地理学、综合自然地理学、地图学等课程入选。

· 中国安宁、美国 N. 夏普等在《人文地理学对话》发表"走向儒家地缘政治"。该文表达了儒家纲常伦理是地缘政治空间秩序、时间序列的主要动因机制之一的思想。

· 中国傅伯杰团队揭示近千年来黄土高原社会—生态系统演变过程及效应。该论文将其社会—生态系统演变划分为 5 个阶段："耕种快速扩张"（1100—1750 年）、"耕种持续扩张"（1750—1950 年）、"农田工程以增加粮食生产"（1950—1980 年）、"从粮食生产向生态保护转型"（1980—2000 年）、"植被恢复以保护生态环境"（2000 年至今）。研究还建立了黄土高原社会—生态系统状态与政策、气候、社会经济等驱动因素和本地粮食生产、黄河输沙量、径流量、三角洲面积、下游自然决堤次数等本地与溢出效应的经验联系。研究发现前三个阶段对粮食生产的追求破坏了当地生态环境，加剧了土壤侵蚀，对黄河下游和三角洲产生影响，而退耕还林还草等生态恢复和水土保持措施的实施减少了黄土高原土壤侵蚀和黄河泥沙，但同时也带来了径流减少、黄河三角洲蚀退等新的问题。

· 中国傅伯杰团队提出社会—生态系统的动态演变是人地相互作用研究的核心内容，阐述稳态转换是指系统的结构和功能发生巨大、突然和持续的变化，是理解社会—生态系统变化的重要视角。

· 中国刘彦随及团队长期研究的陕西省延安市黄土高原地理工程，成为高考文科综合试卷试题。

· 美国国会法案《无止境前沿法》提议将国家科学基金会（NSF）更名为国家科学技术基金会（NSTF）。

· 中国宁波大学中欧旅游文化学院更名为地理科学与旅游文化学院。

· 中国北京师范大学地表过程与资源生态国家重点实验室傅伯杰团

队在《科学通报》上发表"采取系统方案抗击全球新型冠状病毒性肺炎"。

·中国北京师范大学地表过程与资源生态国家重点实验室何春阳团队在《自然·通讯》在线发表"中国需要进一步改善空气质量以减少PM2.5污染导致的人口死亡"。

·中国北京师范大学地理科学部杜恩副教授及合作者在《自然·地球科学》在线发表"全球陆地生态系统氮磷限制格局"。提出氮磷限制判定理论框架。

·中国广州大学地理科学学院学生声援意大利抗击新冠病毒疫情。意大利多家媒体头版头条报道。

**公元 2021 年**

·中国全国人大代表殷红梅（地理学工作者）在两会期间提出西部高校突破人才困局的办法，呼吁要系统地建立西部高校稳定和引育高层次人才的政策机制。

·中国全国政协委员龚胜生（地理学工作者）在两会期间提出要抓紧制定传统村落空间规划指导意见和加快编制传统村落乡村振兴规划的建议。

·中国陆大道在中国《光明日报》5月11日第一版上发表"国际热点代替不了国家急需学术研究不可脱'实'向'虚'"。系统阐述了以SCI论文为评价导向给中国科技界带来四大负面影响。

·全球地理信息开发者大会（WGDC）在中国长沙召开。大会主题为"更智能、更泛在、更融合"。

·中国南京师范大学汤国安国家教学名师指导大学本科生在地理信息科学期刊《Transactions in GIS》上发表论文。

·5月12日为全国第13个全国防灾减灾日。今年的主题为"防范化解灾害风险，筑牢安全发展基础"。全国防灾减灾日始于2009年，中国国务院批准。

·中国吕永龙被联合国任命为"联合国可持续发展目标技术促成机

制 10 人组"成员。联合国设立的技术促进机制（TFM）始于 2015 年。

·中国保继刚等长期研究的云南省元阳县阿者科村发展旅游实现脱贫案例，成为高考文科综合试卷试题。

·中国地理学会和《地理学报》编辑部举办地理学理论与方法学术研讨会（沙龙）在中国科学院地理科学与资源研究所举行。

·中国傅伯杰、赵文武等著《自然地理学前沿》出版。该书为《地球科学学科前沿》中的一卷。专家咨询组（以姓氏拼音为序）有陈发虎、崔鹏、冷疏影、刘昌明、秦大河、宋长青、夏军、姚檀栋、张人禾、赵其国、郑度、周成虎。

·苏格兰皇家地理学会（RSGS）发起，英国皇家地理学会（RGS-IBG）、国际地理联合会（IGU）联合召集的"国际地理学会交流会"在线举办。28 个国家地理学会代表参会。中国地理学会理事长陈发虎委托厦门大学吕永龙、北京大学朴世龙、中国地理学会副理事长兼秘书长张国友、中国地理学会外事主管张萱子代表中国地理学会参加线上交流活动。

·中国首届全国教材建设奖拟评选出优秀教材奖。中国秦大河、姚檀栋、丁永建、任贾文《冰冻圈科学概论（修订版）》获研究生教材特等奖，汤国安《地理信息系统教程》，熊伟等《空间信息系统建模仿真与评估技术》，李小建《经济地理学（第三版）》，伍光和、王乃昂等《自然地理学》分别获本科生教材二等奖，樊杰、王民、朱翔、高俊昌、韦志荣、刘新民等主编的基础地理教育教材分别获得基础地理教育一、二等奖。

·本年度的诺贝尔物理学奖颁布。其中，奖金的一半授予美国气象学家真锅淑郎和德国气象学家哈塞尔曼，以表彰他们对地球气候的物理模型、将可变性量化、可靠预测全球变暖方面的贡献。20 世纪 60 年代真锅淑郎领导了对地球气候的物理模型开发，为气候模型设计奠定了基础。约 10 年后，哈塞尔曼建造模型将天气与气候相关联，从而解答了为何天气不断变化而气候模型依然可靠问题。

# 参考文献

蔡尚思：《中国思想史研究法》，商务印书馆1939年版。

蔡运龙：《地理学思想经典解读》，商务印书馆2011年版。

陈国达、陈述彭、李希圣、张立汉：《中国地学大事典》，山东科学技术出版社1992年版。

陈正祥：《中国地图学史》，商务印书馆1979年版。

邓晓芒：《哲学史方法论十四讲》，重庆大学出版社2015年版。

丁耘：《什么是思想史》，上海人民出版社2006年版。

丁耘、陈新：《思想史的元问题》，广西师范大学出版社2005年版。

杜石然主编：《中国古代科学家传记（上）》，科学出版社1992年版。

杜石然主编：《中国古代科学家传记（下）》，科学出版社1993年版。

杜石然主编、金秋鹏副主编：《中国科学技术史·通史卷》，科学出版社2003年版。

葛兆光：《思想史的写法》，复旦大学出版社2004年版。

桂起权：《科学思想的源流》，武汉大学出版社1994年版。

郭金彬：《科学思想的升华》，科学出版社2005年版。

郭双林：《西潮激荡下的晚清地理学》，北京大学出版社2000年版。

国家自然科学基金委员会：《自然科学学科发展战略调研报告·地理科学》，科学出版社1995年版。

何兆清：《科学思想概论》，商务印书馆1946年版。

洪世年：《中国气象史》，农业出版社1983年版。

侯仁之：《中国古代地理名著选读》，科学出版社1959年版。

胡军：《知识论》，北京大学出版社2006年版。

金岳霖:《知识论》,中国人民大学出版社 2010 年版。

鞠继武:《中国地理学发展史》,江苏教育出版社 1987 年版。

李文范、宋正海:《地球科学年表》,石油工业出版社 1998 年版。

李喜先等:《科学系统论》,科学出版社 1995 年版。

李喜先等:《知识系统论》,科学出版社 2011 年版。

李醒民:《科学论:科学的三维世界》,中国人民大学出版社 2010 年版。

李学勤:《殷代地理简论》,科学出版社 1959 年版。

李约瑟:《科学思想史》,科学出版社 1995 年版。

李宗焜:《甲骨文字编》,中华书局 2012 年版。

林宏德:《科学思想史》,江苏科学技术出版社 1985 年版。

刘大椿:《科学哲学》,中国人民大学出版社 2006 年版。

刘盛佳:《地理学思想史》,华中师范大学出版社 1990 年版。

吕思勉:《吕思勉讲思想史》,凤凰出版社 2008 年版。

马保春、宋久成:《中国最早的历史空间舞台:甲骨文地名体研究》,学苑出版社 2013 年版。

美国不列颠百科全书公司:《不列颠百科全书》(第 2 版),中国大百科全书出版社《不列颠百科全书》国际中文版编辑部译,中国大百科全书出版社 2007 年版。

美国国家科学院国家研究理事会:《理解正在变化的星球》,刘毅、刘卫东译,科学出版社 2011 年版。

美国国家研究院地学、环境与资源委员会、地球科学与资源局:《重新发现地理学》,黄润华译,学苑出版社 2002 年版。

孟庆龙:《世界历史大事年表》,江西人民出版社 2011 年版。

欧阳康:《哲学研究方法论》,武汉大学出版社 1998 年版。

潘玉君:《地理科学》,哈尔滨地图出版社 1995 年版。

潘玉君:《地理科学与地理信息系统》,哈尔滨工程大学出版社 1998 年版。

潘玉君:《地理学基础》,科学出版社 2001 年版。

潘玉君:《地理学思想史——通论和年表》,中国社会科学出版社 2019 年版。

潘玉君、武友德:《地理科学导论(第三版)》,科学出版社 2020 年版。

潘玉君、武友德、汤茂林、孙俊:《地理学思想史——专论和专史》,中国社会科学出版社 2019 年版。

钱学森等:《论地理科学》,浙江教育出版社 1994 年版。

孙鸿烈:《中国自然资源综合科学考察与研究》,商务印书馆 2007 年版。

孙正聿:《理论思维的前提批判:论辩证法的批判本质》,中国人民大学出版社 2010 年版。

谭其骧:《中国历代地理学家评传》第 1—3 卷,山东教育出版社 1993 年版。

唐锡仁、杨文衡:《中国科学技术史·地学卷》,科学出版社 2000 年版。

童书业:《中国古代地理考证论文集》,中华书局 1962 年版。

王成祖:《中国地理学史(上)》,商务印书馆 1988 年版。

王淼:《比较科学思想论》,辽宁教育出版社 1992 年版。

王维:《科学基础论》,中国社会科学出版社 1996 年版。

王庸:《中国地理学史》,商务印书馆 1956 年版。

王庸、茅乃文:《中国地学论文索引(续编)》,国立北平师范大学、国立图书馆 1936 年版。

王庸、茅乃文:《中国地学论文索引》,国立图书馆、国立北平师范大学 1934 年版。

魏艺东:《科学思想史》,科学出版社 2015 年版。

吴传钧:《发展中的中国现代人文地理学》,商务印书馆 2008 年版。

吴传钧、杨勤业、鲁奇:《20 世纪中国学术大典·地理学》,福建教育出版社 2002 年版。

吴国盛:《科学思想史指南》,四川教育出版社 1994 年版。

吴汝康、吴新智、张森水:《中国远古人类》,科学出版社 1989 年版。

席宗泽:《科学编年史》,上海科技教育出版社 2010 年版。

席宗泽:《中国科学思想》,科学出版社 2009 年版。

杨文衡:《世界地理学史》,吉林教育出版社 1994 年版。

杨吾扬:《地理学思想简史》,高等教育出版社 1989 年版。

袁运开、周瀚光主编：《中国科学思想史》，安徽科学技术出版社 2000 年版。

翟忠义：《中国地理学家》，山东教育出版社 1989 年版。

张嘉同、沈小峰：《规律新论》，中共中央党校出版社 1993 年版。

张西平：《中国与欧洲早期宗教和哲学交流史》，东方出版社 2001 年版。

张之恒、吴键民：《中国旧石器文化》，南京大学出版社 1991 年版。

赵红州：《大科学年表》，湖南教育科学出版社 1992 年版。

郑度：《20 世纪中国知名科学家学术成就概览·地学卷：地理学册》，科学出版社 2010 年版。

郑昭佩：《地理学思想史》，科学出版社 2008 年版。

中国大百科全书总编辑委员会《测绘学》编辑委员会：《中国大百科全书·测绘学》，中国大百科全书出版社 1985 年版。

中国大百科全书总编辑委员会《地理学》编辑委员会：《中国大百科全书·地理学》，中国大百科全书出版社 1990 年版。

中国大百科全书总编辑委员会《世界地理》编辑委员会：《中国大百科全书·世界地理》，中国大百科全书出版社 1990 年版。

中国大百科全书总编辑委员会《天文学》编辑委员会：《中国大百科全书·天文学》，中国大百科全书出版社 1985 年版。

中国大百科全书总编辑委员会《中国地理》编辑委员会：《中国大百科全书·中国地理》，中国大百科全书出版社 1993 年版。

中国地理学会：《2006—2007 地理学学科发展报告》，中国科学技术出版社 2007 年版。

中国地理学会：《2012—2013 地理学学科发展报告》，中国科学技术出版社 2014 年版。

中国地理学会：《地理学发展方略和理论建设》，商务印书馆 2004 年版。

中国地理学会：《面向 21 世纪的中国地理科学》，上海教育出版社 1997 年版。

中国地理学会：《世纪之交的中国地理科学》，人民教育出版社 1999 年版。

中国科学院地理研究所所志编委会：《中国科学院地理研究所所志

（1940—1999）》，科学出版社 2016 年版。

中国科学院地学部地球科学发展战略研究组：《21 世纪中国地球科学发展战略报告》，科学出版社 2009 年版。

中国科学院自然科学史研究所地学史组：《中国古代地理学史》，科学出版社 1984 年版。

中国科学院自然资源综合考察委员会会志编委会：《中国科学院自然资源综合考察委员会会志（1956—1999）》，科学出版社 2017 年版。

中国农业科学院、南京农学院：《中国农学史》，科学出版社 1984 年版。

中国农业遗产研究室：《中国农学史》，科学出版社 1959 年版。

中国水利学会：《三峡工程的论证》，中国社会科学出版社 1990 年版。

中国自然资源学会：《中国资源科学学科史》，中国科学技术出版社 2017 年版。

钟祥才：《中国土地思想史稿》，上海社会科学院出版社 1995 年版。

《自然科学大事年表》编辑组：《自然科学大事年表》，上海人民出版社 1975 年版。

[德] 海德格尔，M.：《形而上学导论》，熊伟、王庆节译，商务印书馆 2007 年版。

[德] 黑格尔，G. E. F.：《历史哲学》，张作成译，北京出版社 2008 年版。

[德] 康德：《纯粹理性批判》，邓晓芒译，杨祖陶校，人民出版社 2004 年版。

[德] 康德：《未来形而上学导论》，李秋零译，中国人民大学出版社 2013 年版。

[德] 李凯尔特，H.：《文化科学与自然科学》，商务印书馆 1986 年版。

[德] 马克思：《哲学的贫困》，人民出版社 1965 年版。

[法] 安德烈·梅尼埃：《法国地理学史》，蔡宗夏译，商务印书馆 1969 年版。

[法] 保罗·克拉瓦尔：《地理学思想史》（第四版），郑胜华、刘德美、刘清华等译，北京大学出版社 2015 年版。

[法] 米歇尔·福柯：《知识考古学》，生活·读书·新知三联书店 2003

年版。

［法］彭加勒，J. H.：《科学的价值》，李醒民译，辽宁教育出版社 2000 年版。

［美］霍尔顿，G. J.：《科学思想史论》，许良英译，河北教育出版社 1990 年版。

［美］瓦托夫斯基，M. W.：《科学思想的概念基础》，范岱年、吴忠、金吾伦、林夏冰译，求实出版社 1989 年版。

［美］沃克迈斯特，W. H.：《科学的哲学》，许良英译，商务印书馆 1996 年版。

［美］詹姆斯，P. E.：《地理学思想史》，李旭旦译，商务印书馆 1982 年版。

［日］汤浅光朝：《科学文化史年表》，张利华译，科学出版社 1984 年版。

［苏］贝尔格，Л. С.：《地理发现与地理学史译文集》，郝克琦等译，新知识出版社 1956 年版。

［苏］格拉西莫夫，И. П.：《苏联地理学》，科学出版社 1964 年版。

［英］拜纳姆，W. F.：《科学史词典》，宋子良译，湖北科学技术出版社 1988 年版。

［英］贝尔纳，J. D.：《历史上的科学》，伍况甫译，科学出版社 1959 年版。

［英］波普尔，K. R.：《科学知识进化论》，生活·读书·新知三联书店 1987 年版。

［英］波普尔，K. R.：《客观知识——一个进化论的研究》，上海译文出版社 2001 年版。

［英］波普尔，K. R.：《历史决定论的贫困》，中国社会科学出版社 1998 年版。

［英］柯林武德，G. H.：《历史的观念》，何兆武译，中国社会科学出版社 1986 年版。

［英］拉契科夫，H. A.：《科学学——问题·结构·基本原理》，科学出版社 2002 年版。

［英］罗伯特·迪金森：《近代地理学创建人》，商务印书馆 1980 年版。

［英］罗素，B.：《论历史》，何兆武、肖巍、张文杰译，生活·读书·新知三联书店 1991 年版。

［英］培根，F.：《新工具》，许宝骙译，商务印书馆 1984 年版。

［英］齐曼·约翰：《元科学导论》，刘珺珺译，湖南人民出版社 1959 年版。

［英］约翰斯顿，R. J.：《地理学与地理学家》，唐晓峰译，商务印书馆 1999 年版。

［英］约翰斯顿，R. J.：《哲学与人文地理学》，蔡运龙译，商务印书馆 2000 年版。

毛曦、何小连：《地理学思想史研究中值得注意的几个问题》，《中国历史地理论丛》2000 年第 9 期。

潘玉君、王兴中、刘盛佳、武友德：《试论人文地理学思想史的范式》，《人文地理》2006 年第 3 期。

潘玉君、武友德、明庆忠：《地理学元研究：地理学思想史的范式》，《云南师范大学学报》（自然科学版）2003 年第 9 期。

宋长青、冷疏影：《21 世纪中国地理学研究的主要领域》，《地理学报》2005 年第 4 期。

孙俊、潘玉君、武友德、赫维人：《地理学史研究范式——科学地理学史与知识地理学史》，《地理学报》2014 年第 9 期。

Capel, H., *Institutionalization of Geography and Strategies of Chang*. In D. R. Stoddart (ed), *Geography, Ideology and Social Concern*. Oxford: Blackwell, 1981.

Dunbar, G. S., *Geography: Discipline, Profession and Subject since 1870*. Dordrecht: Kluwer Academic Publishers, 2005.

Edwin, R., Wallace, IV., *Historiography*. In: Edwin R., John G., *History of Psychiatry and Medical Psychology*. New York: Springer, 2008.

Gerike, M. J., *Explorations in Historiographies of Geographical Knowledges*. Manhattan: Doctoral Dissertation of Kansas State University, 2012.

Hostetler, L., *Qing Colonial Enterprise: Ethnography and Cartography in Early Modern China*. Chicago and London: The University of Chicago Press, 2001.

James, P. E., Martin, J., *All Possible Worlds: A History of Geographical Ideas*. 2nd ed. New York: The Bobbs-Merrill Company, 1981.

Johnston, R. J., Claval, P., *Geography Science the Second World War: An International Survey*. Kent: Croom Helm, 1984.

Kragh, H., *An Introduction to the Historiography of Science*. Cambridge: Cambridge University Press, 1987.

Laudan, L., *Progress and Its Problems: Towards A Theory of Scientific Growth*. Berkeley: University of California Press, 1977.

Livingstone, D. N., A Brief History of Geography. In Rogers A., Viles H. A. *The Student's Companion to Geography*. Oxford: Blackwell, 2003.

Livingstone, D. N., *Putting Science in its Place: Geographies of Scientific Knowledge*. Chicago: University of Chicago Press, 2003.

Martin, G. J., *All Possible Worlds: A History of Geographical Ideas*. 4th ed. Oxford: Oxford University Press, 2005.

Martin, J., *American Geography and Geographers: Toward Geographical Science*. New York: Oxford University Press, 2015.

Mayhew, R. J., *Enlightenment Geography: The Political Language of British Geography*. New York: St. Martin's Press, 2000.

Mayhew, R. J., *Historical Cultures and Geography*. Bristol: Thoemmes Press, 2003.

Orr, L., *Intimate Images: Subjectivity and History: Sta ël, Michelet and Tocqueville*. In: Ankersmit F, Kellner H (eds.). *A New Philosophy of History*. Chicago: A New Philosophy of History, 1995.